Armado y composición: Laura Bono
Diseño general: Gerardo Miño

Correctora: Lucía López Arzuaga

Edición: Primera. Marzo de 2021

ISBN: 978-84-18095-58-0
Depósito legal: M-25451-2020

THEMA: DDT [Tragedias]
JKSM [Cuidado de enfermos mentales]
JM [Psicología]

Lugar de edición: Buenos Aires, Argentina

dirección postal: Tacuarí 540 (C1071AAL)
Ciudad de Buenos Aires, Argentina
tel-fax: (54 11) 4331-1565
e-mail producción: produccion@minoydavila.com
e-mail administración: info@minoydavila.com
web: www.minoydavila.com
redes sociales: @MyDeditores, www.facebook.com/MinoyDavila

Eduardo López Molina

LO QUE DICEN LAS PALABRAS

De la *Función Mensajero*
y el cuidado del otro en la tragedia
a la rotulación del otro
en la Psiquiatría
contemporánea

MIÑO y DÁVILA
• E D I T O R E S •

Ilustración de portada: Bárbara Vuillermet Molina

Siendo que el texto se inicia analizando la figura *Función Mensajero* en las tragedias griegas, la portada propuesta presenta las siguientes características:

La totalidad de la obra es un frontispicio de estilo griego en ruinas, invadido por vegetación. La dicotomía occidental arriba/abajo o de orden superior/inferior establece la disposición de las figuras elegidas.

En el margen inferior izquierdo hay una cornucopia, elemento que acompañaba a los faunos o sátiros en las celebraciones dionisíacas de la Antigüedad y que representa la abundancia, el desborde y el exceso, y es por esto que las frutas emergen de los límites del cuerno. A su vez, representa también la dicotomía Vida/Muerte en relación con el fin del principio de individuación de la teoría Nietzscheana. La vida, en este caso, está simbolizada en las hojas verdes de parra que brotan de las frutas.

Hacia la derecha, un casco de guerrero simboliza la caída irremediable del héroe trágico.

Una columna griega con un capitel corintio presenta un aspecto ruinoso, como los llamados *Folies*, expresión tomada de la Arquitectura y que designa una "locura" o "extravagancia" respecto a un elemento construido en jardines por parte de su creador.

El término *folie*, muy usado por los alienistas en el siglo XIX, refiere asimismo a los trastornos psicóticos compartidos. Tal es el caso del "Folie à deux" (locura de a dos) o el "Folie en famille" (locura familiar).

Los capiteles corintios, en diálogo con el tema de la caída del héroe trágico, representaron un punto culminante en la arquitectura griega y fueron los últimos en desarrollarse luego de los dóricos y jónicos.

Las columnas que se alzan a ambos lados, también con aspecto ruinoso, se ven envueltas de naturaleza ya muerta. Ambas sostienen el orden superior, el Logos para los estoicos, que gobierna sobre los hombres y sobre los dioses en la religión politeísta grecorromana.

En el margen superior, diversas plantas envuelven la escena. El verde que hace de ellas seres vivos enfatiza la importancia del dominio del orden sobre el ser.

El triángulo, sostenido por ambas columnas, presenta una larga tradición simbólica a lo largo de la cultura y es un elemento tomado por el psicoanálisis para explicar desde distintos enfoques la estructuración de la psiquis humana.

Finalmente y lo más importante, de presencia sutil y casi imperceptible, dentro del triángulo del frontispicio se pueden leer caracteres en griego antiguo cuyo significado es *Palabra* en caso nominativo. Esta elección se funda en la tesis central del presente trabajo y, a su vez, porque cada sujeto se apropia de la lengua en un acto individual de utilización para decir al mundo así como también para nombrarse a sí mismo. La palabra, como presenta el autor, es el canal de articulación entre los caminos que recorre el sujeto para no ceder a las pasiones y dar lugar a los sentimientos.

ÍNDICE

LO QUE DICEN LAS PALABRAS

De la *Función Mensajero*
y el cuidado del otro en la tragedia
a la rotulación del otro
en la Psiquiatría
contemporánea

Prólogo

◆

Raúl Teyssedou
Dr. en Psicología Clínica
(Córdoba, septiembre de 2019)

¿Por qué Eduardo López Molina, avanzado el siglo XXI, nos propone pensar las Tragedias griegas?, ¿acaso su invitación a retrotraernos a más de dos mil quinientos años para visitar a aquellos antiguos trágicos es un anacronismo?, ¿cuál es hilo con el que trenzó las obras del lejano mundo heleno con el medicalizado de hoy?, ¿qué caminos lo llevaron de la Argentina neoliberal del 2019 en la que escribió las líneas que aquí se presentan, a la democrática Atenas del siglo V a. de c.?, ¿será que él viajó a buscar en las viejas Tragedias griegas el antídoto al que siempre se recurre cuando el sujeto se encuentra amenazado?

Lo cierto es que, al leer las páginas de este libro, con el poeta, se puede decir que el autor *"es prisionero / (La sentencia es de Omar) de otro tablero. / De negras noches y de blancos días / Dios mueve al jugador, y éste, la pieza. / ¿Qué dios detrás de Dios la trama empieza. / De polvo y tiempo y sueño y agonías?"*.

Pues, la sugerencia de Eduardo López Molina a seguir sus pasos nos llevará hasta donde veremos a un rudimentario sujeto asomarse desgarrado por la desamparada singularidad con la que debe enfrentar a un absoluto que lo abandona. Momento crucial en el cual hallaremos al endeble sujeto en sus primeros tropiezos, condenado a errar, lanzado a re-ligar, a hacer religión, en la intemperie, sin la monolítica cosmogonía con la que, poco antes, en férrea comunidad, se supo proteger ante el asombro de existir. Allí, donde la sabida vulnerabilidad de la carne humana se desligó del Todo que imponía su indiscutible ubicación en el orden que regía la vida de los escasos habitantes en la Tierra, el sujeto aparece arrojado al mundo como un singular hecho de ineludible soledad y vacío. El otrora cuerpo gozado por un cerrado universo colectivo, fue impelido a gozar. Cuando la solidez de la mitología cosmogónica se partió, desde esa división o fisura fue parido el sujeto. De la grieta abierta en el enunciado mítico surgió la enunciación o el sujeto hablante, portador de palabra y de voz hecha singularidad.

Con Claude Lévi-Strauss, mirando a lo lejos, aún podíamos registrar algunos de los puñados de humanidad esparcidos entre los tristes trópicos con sus pocos sonidos bucales exigidos a transformar en realidad la incierta e inefable vastedad del real. Fue el lugar y el momento en donde el antropólogo visualizó a nuestros antepasados construyendo con lo crudo y lo cocido holofrases, amasando, moldeando o tallando metáforas con la miel y las cenizas, tan pobres de palabras con las cuales nombrar tanto que los aproximaba a una vida poética. Quizá por eso, Jorge Luis Borges los pensó fabricando con los sueños el primer objeto estético con que los humanos mutaríamos lo monstruoso en maravilloso.

El goce sexual prohibido entre ellos por las rígidas estructuras elementales del parentesco para alimentar la incipiente división social del trabajo que les aseguraba la sobrevivencia, con los antiguos griegos, se volvió trágico, en tanto goce negado por los dioses, motivo de pasiones, desmesuras o hybris. La sólida, unívoca y comunitaria explicación del mito con el que esos rústicos ancestros se resguardaban de la cotidiana sorpresa de vivir, en aquella Grecia se convirtió en un relato trágico del Poder. Punto donde el perfecto mecanismo de relojería de aquellas pequeñas comunidades o lejanas organizaciones humanas se alteró ni bien ellas se constituyeron en termodinámicas o, propiamente hablando, en sociedades. Momento donde encontraremos al hombre desnudo tratando de cubrir su inaugurada intemperie de sujeto con los tejidos de las Tragedias y con ellos, luego, vestirse, gracias a la confección de la Filosofía, con los ropajes del sujeto de la Razón (Logos) que lo llevará, con el Código de los antiguos romanos, a calzar sus pies en el sujeto económico del status o la propiedad con los que, después, caminará, vía el posterior cristianismo, hacia el elegante traje de la libertad, la responsabilidad y la culpa. Tal vez por esto Lévi-Strauss llegó a afirmar que el sujeto era un invento cristiano y, por lo tanto, fuera de su interés puesto en los pueblos sin escisiones. No obstante, en la naciente termodinámica Moderna, aquel sujeto nacido desamparado y singular, una vez decentemente vestido y bien protegido, fue presentado por Emmanuel Kant con las luces del "deber ser" de la Razón pura y práctica.

Desde aquél nacimiento del pensamiento trágico griego en lo que significó el paso de una organización humana regida por coordinados engranajes de relojería (tribal y sin escisiones, o sea sin el problema de la razón y la verdad) hacia otra termodinámica (rigurosamente hablando; sociedad con divisiones o disensos), según la conceptualización de Lévi-Strauss, y donde comenzó a prefigurarse esa encrucijada de lo general con lo singular intermediados por lo particular que conformará los orígenes del silogismo, llegó el sujeto a este presente neoliberal en el que Eduardo López Molina lo ve en riesgo de ser borrado, particularmente, por el ejercicio de la Psiquiatría de los DSM asociada a la poderosa industria farmacológica.

Posible riesgo como consecuencia del malestar (en la cultura) o de la insoportabilidad humana por sobrellevar el desamparo que pulsa y divide la condición de ese sujeto inaugurado por los trágicos griegos. De ese desgarro singular atestigua el dolor de Agamenón cruzado por lo general que le demanda la vida de su particular amada hija Ifigenia. Cruce no muy distinto en el que se halla la joven designada para el sacrificio cuando, desde su singularidad sufriente, se resigna a lo que ordena la Grecia como generalidad.

Allí, en esa encrucijada, está el héroe trágico, porque no hay tragedia sin él, como tampoco héroe sin tragedia. En ese sujeto se asienta la trama. Su presencia habla de la singularidad del sufrimiento del sujeto en la escena, pero, también, del modo con que otras semejantes singularidades podrían prevenirse de padecer. Para eso, la Tragedia ofrece el modelo del sujeto de la mesura (*diké*), el apolíneo de la moral y la razón (logos), el del castrado a un goce que los dioses, sus únicos propietarios, han negado a los finitos mortales. Será el sujeto dispuesto al goce por los ideales de la virtud, el impedido a gozar de lo prohibido vía una pasión o desmesura (hybris) dionisíaca por la que, en su doliente singularidad, recibirá el castigo de ser gozado por las divinidades que sentencian.

Aun así, ese sujeto ideal del "deber ser" virtuoso, racional y mesurado sabe, como el inconsciente freudiano, que su constitución es tan inseparable de lo siniestro como el deseo de la ley. Por eso, antes que el horror asome y con él se desbarate la escena (*acting-out*), el Mensajero que aquí le interesa a Eduardo López Molina, como aquellos "facilitadores" de los que hablaba Freud, provee los significantes (o "representaciones-palabra") con los cuales lo reprimido (o "representación-cosa") entrará a la escena (*acting-in*) hecho lenguaje y, por lo tanto, dispuesto a generar significaciones y sentidos. Así, entonces, lo que no se puede ver, lo que no se muestra, el "más allá", la verdad, lo que está fuera de lo simbólico, la otra escena freudiana de la cual, en la Tragedias, nos anoticia el Mensajero, logra ser hablada e introducirse en la cultura como un saber que, por provenir de una función, fija una singularidad abierta a las series constitutivas del sujeto deseante. Mas, tras ese decir o enunciación aflorará el Coro para afirmar el enunciado que debe regir al sujeto ideal de la virtud y la mesura.

Además, será a través de las figuras de los reyes que en las Tragedias no sólo se patentiza la presencia de la sociedad termodinámica y dividida de aquella antigua Grecia sino, también, el modo de justificar el ejercicio del Poder y su costo. Esos nobles de entonces eran los encargados de corporizar los ideales morales de la mesura (diké) como, a la vez, de padecer las penas desencadenadas por las transgresiones a las prohibiciones impuestas por los dioses. Por lo tanto, con las Tragedias, el Poder se constituye como sede del ideal moral y, a la vez, del acatamiento a los límites impuestos a las pasiones por las leyes divinas para mantenerlo y ejercerlo ante sus gobernados.

De aquí que aquellas iterativas formas mitológicas con las que los pueblos de "relojería" explicaban la reconocida incógnita de vivir, con las Tragedias y sus novedosos haces opositivos transitando entre las idealizaciones de lo virtuoso y racional (Logos), se convierten en una explicación del Estado y la convivencia dentro de una sociedad dividida y cruzada por intereses. Con ellas, lo general, hecho designio divino, trama tejida y decidida por los dioses, destino ineludible e inmodificable, dictamina el orden del Poder como el modo en que los humanos deberán transitar sus escasas existencias por la Tierra. Mas, también, gracias a las Tragedias, esas inefables poquedades singulares se encontrarán nombradas y, por lo tanto, denegando sus inevitables soledades y castraciones, bajo la fantasmagórica forma de un destino se creerán acompañadas por un conjunto de deidades. Allí supondrán la presencia del significante que les falta en el saber de lo absurdo de vivir errante.

Por esto, más que de lo trágico de la existencia, es pertinente hablar de una existencia trágica o de un posicionamiento trágico ante la existencia, en tanto no siempre el existir (*ex-stare*; estar fuera, para Martin Heidegger) fue trágico ni necesariamente lo tiene que ser. Al punto que Jacques Lacan decía que el fin del análisis es destituir la tragedia ("Novela o Mito Familiar del Neurótico") y, obviamente, con ello, al sujeto o al héroe de su trama. Idea consecuente con la definición freudiana de la neurosis como religión privada y de la cual los humanos, a pesar de los sufrimientos que ella implica, se resisten a dejar frente al angustioso desamparo gestado por la ausencia que empuja a la subjetivización y al deseo cifrados por el equívoco, el mal entendido o la falta. De ahí que

Freud hablaba de los beneficios primarios y secundarios del síntoma. Tragedia o destino como saber o sentido con el cual explicar lo incierto y protegerse ante la siempre amenazante angustia, aunque las ofrendas exigidas adquieran el tamaño de las garantías demandadas.

Por esto, y aun cuando la Tragedia y la Filosofía que le devino, dejaron entreabierta la puerta del sujeto deseante o amante (Platón; "El banquete" y "Fedro"), ambas, al idealizar al sujeto apolíneo del Logo o de la Razón, denegaron aquél sujeto movido por las pulsiones dionisíacas, algunas veces irrefrenables y cargadas de pasiones, en el que se detuvo el Psicoanálisis. Denegación nada ingenua pues con ella se pretendió desubjetivizar lo que la angustia y la división del sujeto singular y deseante subjetivizó. Allí, podemos visualizar la colonización que el ejercicio el Poder del momento hizo de la subjetividad. De aquí que, entre otros motivos, Nietzsche, en "El origen de la tragedia", a Sócrates lo llamó *el primer hipócrita de la humanidad*.

No obstante, en ese sujeto apolíneo del "deber ser" que desde las tragedias griegas se fue plasmando hasta arribar a la moral kantiana, no cesa de pulsar la falla del deseo que mueve su equívoco o mal entendido constante, y tal cual lo presentan las Tragedias al errar ante la norma de la moral donde el Mensajero lo quiere introducir. El deseo es la anormalidad, tanto como su efecto el hablante(ser). Anormalidad surgida de la función significante que nos subjetivizó como sujetos escindidos y que hoy, desde los grandes medios de comunicación, pretenden obviar al imponer el discurso del enunciado o de la normalidad en desmedro de la enunciación como no lo hicieron, desde su dimensión ética, las Tragedias griegas en el siglo V antes de Cristo.

En estos tiempos, la hegemonía neoliberal, movida por la incesante extracción de plusvalía que exige el capital financiero internacional, impone un atropellador ritmo de plus de goce permanente contra los objetos de deseo (o de placer) que se levantan como topes. Como ejemplo, es pertinente recordar que, en Argentina, por la década del 90 del siglo XX, ese capital, a través de un nuevo rico llamado Marcelo Tinelli, frente a las cámaras de televisión, desde una alta grúa dejó caer un enorme peso sobre un modesto Fiat 600 cuando se acercaba su incauto propietario. Mas, cuando éste, entre la sorpresa y el dolor, reclamó por la total destrucción del auto, como respuesta recibió que era una "jodita para Tinelli" y, por lo tanto, que se le pagaba con creces el valor comercial del vehículo. Allí, con lágrimas en los ojos, el indignado damnificado exclamó; "*¡pero adentro estaban colgados del espejo (retrovisor) los za-*

patitos de mi hija cuando tenía dos años y ustedes me los destruyeron, ninguna plata me los devolverá!". Obviamente, esta frase, también, fue motivo de risa entre el conductor y su equipo televisivo; ¿cómo alguien podía poseer la dignidad de preferir unos gastados zapatos de la hija a una tentadora suma de dinero?

Es evidente que el capital financiero mundial destruye los objetos de goce que el capitalismo mercantil ofrece para la realización, más o menos pasajera, de deseos y placeres (autos u otras pertenencias amadas) y, por eso, en ese exitoso programa de televisión, pornográficamente, ante la vista de todos y sin ocultamientos, el deseante consumidor del Fiat 600 se transformó en un objeto de goce consumido por aquél. Por lo tanto, el neoliberalismo, con su veloz destrucción de los fetiches donde se adhiere el deseo, ha extremado el reconocimiento que todos los objetos del mundo, sean humanos o naturales, tienen un precio acorde a las utilidades y a los goces que demanda su mecanismo termodinámico.

Tiempos donde aquél mencionado conductor televisivo, además de continuar con sus "joditas" con las que gozaba de otros, a escasos centímetros de la cámara, en un solo movimiento y bajo una vulgar presión, llenaba con un gran alfajor el enorme agujero de su boca. Parecía una grosera imitación del Saturno de Goya, salvo que no eran sus hijos los comidos sino los espectadores que el Mercado devoraba. Mas, si alguien que lo veía estaba vacío, y por la tasa de desempleo creciente eran muchos, debía repletarse consumiendo como él o, de lo contrario, sin consumir, quedar excluido o desechado.

Por entonces, a los espacios de interrogación y de deseo como son las escuelas, el imperioso plus de goce fagocitado por el ritmo de la plusvalía neoliberal, los mutó en sitios para la admiración de shoppings donde consumir y llenarse. No obstante, en un genial acto artístico, Charly García se arrojó desde lo alto de un edificio hacia una piscina que no todos veían. De ese modo, donde algunos creyeron ver un suicidio, el artista denunció que, a pesar de tanto consumo, aún en el neoliberalismo, hay un vacío que eróticamente resiste a la completitud de la muerte. Verdadero acto por la erogenización del sujeto ante la correntada de goce que lo sumerge y ahoga. Salto a un lazo social invadido por un economicismo que, gobernado por la ley de la oferta y la demanda, mueve los cuerpos de los consumidores-consumidos al borde de la exclusión y el desecho. Anormalidad del deseo ante un hegemónico discurso sin sujeto singular y de la enunciación, desubjetivizador o colonizador de subjetividades a través del consumo y la entrega al goce del Mercado que fabrica cuerpos afásicos y portadores móviles de enunciados.

Porque el capitalismo financiero mundial, después de la caída del mundo soviético sin que se disparara un misil, con Freud supo que no hay nada más revolucionario que el deseo y, por ende, con su frenesí por la extracción de plusvalía, transforma la anormalidad del deseo en normalidad de goce. Su imperativo a gozar o a consumir apunta contra el "deber ser" del sujeto apolíneo de las antiguas Tragedias como, también, contra su inseparable opuesto, el héroe trágico, para, así, subsumirlos en un "deber tener" con el cual gozarlos y consumirlos dentro de la generalidad llamada Mercado.

Asimismo, desaparecidos aquellos deseados ideales que los trágicos griegos impartieron con sus exaltadas virtudes morales y que Kant supo racionalizar para regir la vida práctica de los hombres desde la Moderna termodinámica del Estado burgués, el capitalismo financiero mundial, también llamado neoliberalismo, decretó la muerte de la Tragedia y, de ahí, la defunción del sujeto, tanto del apolíneo como el de la singularidad. Por eso, requiere desubjetivizar o, en términos de Michel Foucault, colonizar las subjetividades, y tal como él definió al Poder como ejercicio. La tarea está en marcha; borrar la historización de los sujetos y sus espacios, quitarles memoria, convertirlos en amnésicos, mutar sus deseos en goces por medio de los cuales el consumo no se detenga en topes y la continuidad de la extracción de la plusvalía con que satisfacer el goce del Mercado se garantice. En palabras de Lacan, esto implica transformar a los cuerpos y al mundo en general de "plusvalía contable" a "plusvalía encarnada".

Entonces, la pregunta neurótica cruzada por las dudas e incertezas del deseo sobre; ¿qué quiere el Otro?, o ¿qué desea el Otro de mí?, equivalente a; ¿me quiere el Otro? o ¿cómo me quiere el Otro?, hoy el Mercado impone la certeza de cómo ese Otro goza consumiendo a los consumidores que consumen las certezas incesantemente ofrecidas para sus goces. Como en el reino de la desubjetivización psicótica, el goce del Otro cierra la tachadura o la castración con la que Lacan lo representaba para afirmar que el deseo del sujeto es el deseo del Otro. En el mundo del capitalismo financiero internacional, como no hay Tragedia ni apolíneos o virtudes morales, gobiernan las certezas, desaparecen las singularidades deseantes o hablantes, se impone el enunciado, queda sólo la generalidad.

Y, si acaso los consumidores o gozadores de objetos de consumo se restringen, tal como se evidenció en estos últimos años en Argentina, ese Otro llamado Mercado no deja de gozarlos y consumirlos vía deudas u otras formas de extracción de plusvalía. Para el capital financiero internacional, todo el suelo del país (o del mundo) y sus habitantes son objetos de goce a ser usados, descartados y tirados como desechos o basuras sobrantes, polución de la gran máquina termodinámica.

Como en los tiempos de los antiguos trágicos griegos, la subjetividad de los sujetos singulares es el terreno de disputa elegido por el Poder para plantar allí su bandera de colonización desubjetivizadora. Ahora, como antes, en esa batalla, él cuenta con la colaboración del propio sujeto beneficiado por la represión o la denegación que aporta a los fines de alejar la insoportabilidad (o "malestar en la cultura") de la angustia que lo constituyó en deseante, salvo que actualmente, a los ideales morales del "deber ser", el capitalismo financiero mundial, los sustituye por los mandatos de consumo que el Mercado dicta.

Por esto, es significativo que un Papa; Benedicto XVI, en estos tiempos neoliberales haya planteado volver a las misas dictadas en latín y, así, dar lugar al triunfo del enunciado o de la afasia sobre la enunciación o el habla singular surgida de las particularidades de las lenguas locales, y tal cual lo instituyó Juan XXIII por los años sesenta del siglo pasado. Planteo vaticano que, si bien no prosperó, indica la intención religiosa por adecuarse a los efectos que logran los grandes medios de comunicación en el mundo entero al borrar la memoria y, con ello, a la singularidad del sujeto comprometido en la consigna cristiana del "arrepentíos".

No obstante, en estos tiempos donde la palabra y la historización de la singularidad se acallan bajo la ensordecedora generalización de las autoayudas o los medicamentos dictados por los vademécums, la memoria, el deseo y el placer resisten. Aun cuando Lacan haya pronosticado que *"la religión triunfará y el Psicoanálisis, a lo sumo, sobrevivirá"*, en los reducidos consultorios psicoanalíticos todavía se invita al sujeto a hablar y a recordar o en los amplios espacios de las calles y plazas se reivindica la "Memoria" como, también, el derecho a la posesión de un cuerpo para el deseo de bien-estar en la vida y no reducible al goce de un Otro. Ejemplos paradigmáticos de esto es el movimiento de mujeres que sostiene un "Ni una Menos" usada y, luego, descartada por el goce sino, por el contrario, con derecho al deseo, incluido el de ser madre, como, también, las luchas por las identidades sexuales que, desde sus singularidades, resisten la nominación gozosa de un Otro incómodo sobre los cuerpos, al igual que las ecológicas por un hábitat placentero en la Tierra u otras.

En Argentina, a pesar que muchos sumergen sus singularidades en los océanos del goce de la generalidad impuesta por el movimiento del capital financiero mundial y que a la historia, si no se la borra (por ejemplo, en los billetes), se la despoja de contenido o queda reducida a monumentos vacíos e impedidos de producir significaciones, aún el Mercado neoliberal no logra desbaratar el antiguo silogismo de las Tragedias que hoy levantan las "Madres y las Abuelas de Plaza de Mayo", junto a H.I.J.OS., cuando apelan a la memoria de los antepasados y/o descendientes desaparecidos.

A diferencia de la propuesta psicoanalítica de destituir la Tragedia para que, destituido su sujeto, quien porta un cuerpo se aventure a sobrellevarlo incierto, desamparado, sin más destino que el biológico y prevenido de ser gozado por una trama, el aniquilamiento de la Tragedia que impone el capitalismo financiero mundial es para que los cuerpos sean gozados por la generalidad tras las certezas de sus goces.

Claro que esta propuesta de una sociedad sin sujetos de enunciaciones, de hablantes, de abiertos a la anormalidad, al equívoco o a la errancia que imprime el revolucionario deseo, y en donde gobierne el enunciado y el goce, no se ejecuta sobre doscientos, trescientos o cuatrocientos cuerpos humanos como acontecía en los pueblos de "relojería", sino, en sociedades de millones de habitantes y, por lo tanto, su triunfo definitivo sólo será a costa de la enorme violencia que significa la desaparición de las singularidades, y en la que, actualmente, no está ausente la química que dirige la psiquiatrización de la vida en particular.

Introducción

———————— ◆ ————————

Lo que dicen las palabras es un intento, insuficiente, por cierto, de dar cuenta de aquello que hacemos con las palabras, pero, también, de aquello que las palabras hacen con nosotros, y lo que resulta de ello en uno y otro caso.

Palabra proviene de *parábola,* que es un término polisémico tomado del griego *parabolé,* y que se vincula con "comparación" pero, también, con "alegoría", y su uso adquiere significaciones singulares según nos remitamos a la Lingüística, la Geometría, la Balística o al discurso religioso, como en el caso de las enseñanzas de Cristo a sus discípulos.

Las palabras articulan cuerpo, cultura y sociedad, dan una cierta dirección a las acciones llevadas a cabo por los sujetos y son la base sobre la cual se asentó el descubrimiento del inconsciente y la propia experiencia del análisis.

Nacemos en un mundo poblado por palabras. Ellas nos preceden, nos nombran, nos constituyen en tanto sujetos, pero también nos posibilitan ir más allá de lo que nuestra biografía trae como marca o nos arrojan a la más cruel de las intemperies.

Hay palabras que cuidan a uno mismo y a los otros, palabras que alojan, enamoran, seducen o convencen, y hay otras que des-cuidan, des-alojan y que dejan al sujeto inmerso en el abandono y el sin-sentido. Palabras de-subjetivantes y que generan, en aquel que las recibe, una suerte de identidad deteriorada (*soy* depresivo, *soy* hiperkinético…).

Ya los pueblos semíticos (asirios y babilonios, sobre todo) les otorgaban una importancia extrema y actuaban convencidos de que servían para curar enfermedades y que, además, dotaban de una fuerza casi mágica a aquel que sabía el verdadero nombre de las cosas.

Sobre su uso terapéutico hallamos también fuertes testimonios en la cultura greco-latina, tanto en las tragedias como en los relatos épicos (la *Ilíada*, la *Odisea*, la *Eneida*), así como en la Filosofía (*Cármides, o de la templanza*, de Platón).

El texto de Pedro Laín Entralgo da cuenta justamente de su poder curativo, y por eso lo llama *La curación por la palabra en la antigüedad clásica* (1958). De esto trata este libro[1]. De palabras que hablan de las palabras, que curan al ser pronunciadas o que acompañan al *pharmakon* (término que presenta dos acepciones, como remedio o como veneno).

El primer capítulo, "Poner en palabras: de la tragedia al descubrimiento del Inconsciente", se dedica a indagar la *Función Mensajero* en el teatro griego.

Las obras trágicas, las 33 que aún se conservan de Esquilo, Sófocles y Eurípides, presentan –tanto en el ciclo tebano como en el que remite a la guerra contra Troya– los crímenes más horrorosos: parricidio, matricidio, filicidio, uxoricidio, infanticidio, suicidio u homicidio, al tiempo que advierten sobre los riesgos que implica, para la vida de los hombres, el dejarse arrebatar por la *hybris*, pero nunca muestran la escena violenta a su público, sino que es un Mensajero, testigo privilegiado, el que cuenta lo sucedido. Pone en palabras el acto homicida, lo baña de lenguaje.

El recorrido argumentativo permite encontrar pistas que muestran la fuerte influencia que tuvo el teatro griego en el surgimiento del Psicoanálisis, dando cuenta de que éste le debe mucho a la tragedia, y así lo reconoció el propio Freud en muchos de sus artículos.

En el segundo capítulo, en cambio, "La sociedad terapéutica y los procesos de Medicalización de la vida en la era del Realismo Capitalista", se analiza el uso que los manuales de Psiquiatría hacen de la palabra, tratando de imponer un lenguaje especializado para dar cuenta de acciones propiamente humanas: así, la inquietud infantil en épocas de aceleración del tiempo y achicamiento del espacio pasa a denominarse *hiperkinesia*, el duelo normal *depresión*, y las fallas en la memoria que aparecen después de los 50 años, *trastorno cognitivo menor.*

---

1 Libro (s. XII): del latín *liber*, *libri*. Originariamente significaba "*parte interior de la corteza de las plantas*", pues era empleada por los romanos como papel. La corteza de los árboles fue uno de los primeros soportes de escritura en la Antigüedad. La expresión inglesa de libro es *book*. Esta palabra está emparentada con *beech*, que es el nombre del árbol conocido en español como *haya* y que, nuevamente, remite a la actividad de escribir en cortezas.

Los procesos de medicalización, patologización y estigmatización de la cotidianeidad, gerenciados desde la torre de Virginia en EE.UU., han transformado al sujeto de la tragedia clásica en un enfermo, una excrecencia de los manuales de Psiquiatría que construyen intrincados sistemas clasificatorios supuestamente objetivos, y que buscan en la privacidad del sujeto, la causa del mal que lo aqueja. Dejan de lado toda otra consideración que vaya más allá del plano molecular.

Su capítulo más cruel es aquel que trata sobre los supuestos trastornos que afectarían a millones de niños, pre-adolescentes y adolescentes.

Estos son manuales financiados por los grandes laboratorios que fabrican enfermedades y estados de ánimo, a tono con las nuevas condiciones de época, y que incluyen a todo el universo de sujetos exceptuando, por supuesto, a los propios autores.

Manuales que deben más a M. Friedman que a S. Freud, E. Bleuler o H. Ey.

El capítulo se cierra con algunas recomendaciones generales, algunas dirigidas al Estado, y otras a ser tomadas en cuenta por la escuela.

Vivimos en una sociedad que medicaliza aquello que ella misma produce, y es justamente en ese punto en el que hay que intervenir decididamente porque, como decía J. P. Sartre,

> Habremos de ser lo que hagamos, con aquello que hicieron de nosotros. (Citado en Romero, 2005).

Fig. 1: Oráculo de Delfos. Por Shutterstock.
Recuperado de: [https://www.shutterstock.com].

CAPÍTULO I

◆

Poner en palabras: de la tragedia al descubrimiento del Inconsciente

Clitemnestra: Lo que ha de ser, será.
(Eurípides)

Afrontar una investigación acerca de la tragedia griega (sus comienzos, desarrollo, los autores clásicos y la función social, religiosa, moral y política que tuvo) es un desafío enorme, inalcanzable para quien no tiene una formación especializada al respecto. Poco es lo que podría agregarse a lo que los expertos ya escribieron profusamente durante siglos. Pero tamaña osadía, o mejor aún, para ser consecuente con el tema, tamaña desmesura (*hybris*) tiene una justificación. En realidad, en este particular caso lo que guía esta indagación es la pregunta por la *Función Mensajero*, en tanto es aquel personaje que anoticia de los hechos terribles o gratos acaecidos en "otra escena", otro lugar, otro *topos* donde, en gran parte, lo que ocurre es el crimen en todas sus variantes, como la antropofagia, el asesinato, la venganza y los hechos más ominosos: filicidio (como en las tragedias *Medea*, *Ifigenia*), parricidio (*Edipo rey*), matricidio (*Orestes y Electra*), uxoricidio (*Electra*, *Agamenón*, *Orestes*) o suicidio (*Edipo Rey*, *Antígona*). La pregunta por esta función interesa por sus fuertes vinculaciones con algunos de los planteos centrales del Psicoanálisis, teoría para la cual también cumple función esencial la palabra –dicha, no dicha, mal dicha, dicha a tiempo o a destiempo, plena o vacía, dicha de más o ausente– y el posicionamiento frente a lo trágico de la existencia.

Sabido es que los griegos no mostraban las escenas violentas al público. Alguien, un testigo, un otro, era quien lo ponía en palabras, y ese es el aspecto central que a este artículo interesa.

Una cuestión significativa a tomar en cuenta es que las tragedias griegas tratan menos de los sentimientos que de las pasiones. Un tema recurrente es mostrar que, si el sujeto se deja aprisionar por éstas, queda obnubilado y actúa irracionalmente. La *hybris* es el tema, una desmesura que anula la razón, corrompe la virtud y falsea la verdad.

El orgullo extremo y desafiante para con los dioses (Prometeo), la venganza (Clitemnestra, Orestes, Fedra), la ambición de poder (Eteocles y Polinice), la ira (Áyax) o los celos (Medea) dan cuenta de ello, y esa lección moral dirigida a los espectadores les advierte sobre los peligros que acarrea caer en alguna de esas pasiones inmanejables. En este punto, también puede hallarse una articulación con el proceso de constitución del sujeto explicado por el Psicoanálisis, proceso complejo que comienza mucho antes de que éste advenga al mundo y que da cuenta de que no se nace siendo sujeto, sino que esto ocurre en el marco de una trama intersubjetiva, postura muy alejada de las versiones evolutivistas o *light* del Psicoanálisis, que quieren reducir tan compleja travesía a las fases de evolución libidinal. En ese proceso, la madre es quien cumple la crucial función de hacer de las pasiones –que irrumpen en una subjetividad en ciernes, sobrepasando sus posibilidades de metabolización– sentimientos, al nombrarlas, diferenciarlas y ponerlas en palabra, y así habilita a ese niño o niña como un sujeto de lenguaje que progresivamente podrá dominar aquello que siente, pero no al punto de aprisionarlo.

La mesura aparece, entonces, en la tragedia griega y en la constitución de la subjetividad como bisagra entre, por un lado, la pasión desbocada y ciega que aprisiona la razón y, por el otro, los sentimientos que hacen posible el amor, la amistad, la hospitalidad, el autocontrol y la convivencia con los semejantes.

Los estudios especializados muestran que el esquema tipo de toda tragedia representa a un héroe que acomete acciones impropias de la condición humana, que intenta acceder al mundo de los dioses, y por ello es castigado severamente.

Doble lección: para el héroe, que no debe ser arrogante y no ha de intentar trascender su condición y destino humano, y para el espectador, que asiste a una puesta en escena que procura ser ejemplificadora.

La osadía humana es penalizada de tres maneras: de un modo "*retributivo*", que implica que la pena debe ser equivalente al daño causado en la acción desmesurada (Prometeo, Sísifo) y, en este sentido, la pena misma es un fin y no un medio para conseguir un bien. Pero, también, en un segundo sentido, es afirmación del poder de los dioses y de la fuerza del destino, porque la *hybris* es la negación de uno y otro orden. Aquí la pena se concibe como "*reacción*", como un instrumento que restablece el orden sin fines utilitarios posteriores. En un tercer sentido, constituye también un modo de prevenir crímenes futuros, ya como amenaza o como sanción *"ejemplificadora"* que ejerce una cierta coacción psicológica sobre el sujeto, en este caso, el público que asiste a las representaciones.

A partir de lo anteriormente mencionado, se observa que en la tragedia no se juega solamente una cuestión ritual o religiosa sino, además, profundamente política, en tanto se trata de la puesta en escena de una poderosa herramienta de educación colectiva dirigida a todos y cada uno de sus ciudadanos. No es "teatro popular". Está dirigido a lo popular, está direccionado hacia lo popular para formar conciencias y enderezar conductas, y también para imponer una tradición y generar cohesión, pertenencia e identidad, reconociéndose como atenienses que viven en el marco de una democracia que ha dejado atrás las tiranías, los gobiernos de un solo hombre.

Según Hauser, A. (2004), el teatro griego no puede ser entendido en términos de teatro popular. Se trata, expresa, de un teatro con fuerte contenido político, y sus personajes se expresan políticamente. Héroes y hombres del pueblo aprenden que no deben cometer el error de la *hybris*, pues su *moira* consiste en no intentar acceder a la *areté* (Virtud), ni a los privilegios de los superiores, social y/o religiosamente hablando, aunque justo es decir que los trágicos ya no tomarán, como Homero, siempre partido por el poder. Así, sus obras serán, en última instancia, una radiografía y crítica del poder, y la tragedia se convertirá en uno de los medios más incisivos, prestigiosos e influyentes para debatir los temas sociales, políticos y religiosos de Atenas.

El teatro en la polis democrática se constituyó como un espacio de discusión sobre la Ética, el Derecho, las conductas sociales y las reacciones frente a los cambios culturales, la posición de la mujer en la sociedad, la relación entre el espacio privado y el espacio público de la polis, y otros no menos trascendentes.

Si McLuhan dijo alguna vez que el medio es el mensaje, en la Atenas democrática, el teatro es no sólo el mensaje sino, también, el Mensajero.

━━━━━━━━ ◆ ━━━━━━━━

Sobre el nacimiento de la tragedia

Los especialistas tienden a vincular el nacimiento de la tragedia con el culto a Dioniso, hijo de Zeus y Sémele (hija de Cadmo, primer rey de

Tebas y origen de la saga edípica)[2]. Como su madre muere antes del parto, el padre tomó al niño y lo encerró en su cuerpo hasta que terminó su proceso de desarrollo. Los cultos a este singular dios parecen originarse en los siglos VII y VI a.C., y sus rituales derivaban de la embriaguez y la orgía, porque era a través de estos que se llegaba a la integración mística con la divinidad. Las representaciones se realizaban en el teatro de Dioniso y los actores llevaban una túnica bordada con mangas y una máscara con la que cubrían sus rostros[3].

Las grandes fiestas dionisíacas duraban aproximadamente cinco días, y en ellas había concursos de coros, ditirambos (composición poética escrita en homenaje al dios), dramas y pantagruélicos banquetes en los que se consumía mucho alcohol.

Para el concurso de dramas, se seleccionaban por eliminación tres autores y tres compañías encargadas de representar cada obra, y cada uno de los dramaturgos seleccionados tenía que estrenar tres tragedias y una comedia.

El surgimiento y desarrollo de la representación trágica fue creciendo durante la tiranía de Pisístrato y, luego, de sus hijos. Posteriormente, con la democratización de la polis, se institucionalizó definitivamente.

De todos modos, hay que decir que sus argumentos, al menos los de aquellas obras que pudieron ser recuperadas, no tenían nada que ver con Dioniso ni con su culto –salvo, quizás, *Las Bacantes*, de Eurípides– sino, más bien, con el mundo aristocrático, las leyendas, los héroes y los dioses del Olimpo.

La tragedia, aunque tiene un origen independiente del mito, se nutre de éste y de la épica heroica, y da a ambos su forma más expresiva. También es cierto que tales mitos inspiradores van mutando tanto diacrónica como sincrónicamente entre los distintos narradores, y cada uno de ellos se ata en magnitudes diferentes al relato originario.

---

2   Dioniso era el dios de la vegetación, la fertilidad y la música, cuya donación contravenía la ética griega del trabajo. De rostro inmutable y numerosas facetas, tenía como característica que su inclusión en la institucionalidad no lograba domeñar el desorden que producía. Representaba lo que podía escapar a la razón.

3   Al respecto, recordemos que los conceptos de *Persona*, *Personaje* y *Personalidad* derivan de máscara, y que "*sonare*" alude a que su uso ayuda a "sonar mucho", por lo que se puede decir, también, que es la voz del actor atravesando la máscara.

Estructura de la tragedia griega

La obra trágica clásica está conformada por distintas partes:

1. PRÓLOGO: Parte que precede a la entrada del Coro. Sirve de introducción e intenta comentar al público el argumento de la obra al remitirse a los acontecimientos anteriores a la acción propiamente dicha.
2. EPISODIO: La parte propiamente dramática de la obra. Constituido por los pasajes dramáticos "intercalados entre los cantos corales", eran partes dialogadas en las que actuaban los actores.
3. ÉXODO: Canto que anuncia la retirada del Coro. Es el canto final del Coro mientras "sale" del teatro al finalizar la tragedia. En *Edipo Rey*, de Sófocles, el éxodo se reduce a la despedida del Corifeo, quien, como es frecuente en la tragedia, lo hace diciendo una frase significativa con un fin de enseñanza.

Por su parte, las intervenciones del Coro constan de dos momentos intercalados con los anteriores:

4. PÁRODOS: Canto inaugural del Coro con el que se iniciaba realmente el desarrollo de la acción. En este primer canto solía hacerse alusión a circunstancias previas a la acción dramática y que fueran relevantes para ella.
5. ESTÁSIMO: Componente lírico por parte del coro inserto entre los episodios. Eran los cantos del Coro que, "sin moverse" de la orquesta, se ejecutaban acompañados, en ocasiones, por sonidos instrumentales y de danza.

El coro no es un actor o personaje más en la tragedia, sino que se sitúa en el plano dramático, a mitad de camino entre los actores y los espectadores; comenta la acción dramática, adula, aconseja o reprocha las acciones y palabras de los actores.

------------------------ ◆ ------------------------

Sobre algunas oposiciones en la tragedia

Más allá de los aspectos formales presentes en cada obra, es posible encontrar, en toda tragedia, una serie de oposiciones binarias que la atraviesan de principio a fin:

1. La oposición principal es *la que separa al mundo de los dioses del mundo de los hombres* en el plano religioso y mítico, dos mundos que no pueden vincularse entre sí por fuera de la enorme asimetría que los diferencia. Cuando ambos mundos se cruzan, algo ocurre, algo se "tuerce", como cuando algunos de los dioses o diosas se apasionan por algún mortal. Ejemplo de ello es la inusitada osadía de Prometeo, titán que roba el fuego sagrado de los dioses para entregárselo a los hombres. Es más, en la saga correspondiente a Edipo, las bodas de Cadmo (un mortal hijo de Agénor y la náyade Telefasa) y Harmonía (hija de dos dioses, Ares y Afrodita) hacen que la estirpe de los labdácidas (los hijos de Lábdaco, nieto de aquellos, padre de Layo y abuelo de Edipo) naciera "torcida".

En *Ion* (Eurípides), el Coro expresa:

> ¡Nunca en las charlas junto a los telares ni en las hablillas oí que pudieran ser felices hijos de dioses y mortales! (p. 319).

En Áyax (Sófocles) se produce un diálogo entre Atenea –protectora de los griegos en su guerra contra Ilión (Troya)– y Odiseo (Ulises), y la diosa expresa lo siguiente:

> (...) no emitas nunca palabras arrogantes contra los dioses, ni te infles de orgullo si predominas sobre otro por tu fuerza o por tus riquezas. Un solo día tumba y levanta de nuevo todas las cosas humanas. Los dioses aman a los juiciosos y odian a los pérfidos. (p. 102).

Más adelante, en la misma obra, el Mensajero relata la despectiva respuesta que Áyax da a Atenea, lo que provoca la furia de la diosa y desencadena su castigo. Desafiar a los dioses fue su ruina y terminó opacando su fama de guerrero ejemplar. En *Edipo Rey* (Sófocles), el protagonista, dirigiéndose al Corifeo, afirma:

(...) ningún hombre puede obligar a los dioses a que hagan lo que no quieren. (pp. 189-190).

En *Edipo en Colono* (Sófocles), Antígona, dirigiéndose al Corifeo, expresa:

Te lo suplico por lo que tengas de más querido, hijo, mujer, tesoro o dios. Porque, si lo examinas bien, no verás jamás a un mortal, que, si un dios lo persigue, pueda escapar. (p. 239).

En *Helena* (Eurípides), hacia el final de la tragedia, el Coro explica:

Múltiples son las formas de los divinos: mucho varían los dioses al obrar sus hazañas. Lo que uno creía y lo que no pensaba nunca se realiza. Lo que parecía irrealizable, un dios lo hace llegar a su perfección! (p. 501).

Los linajes familiares que protagonizan la gran mayoría de las tragedias recuperadas son las de los *Atridas* (hijos de Atreo y Tiestes, padres de Menelao –esposo de Helena– y Agamenón –esposo de Clitemnestra–, y los hijos de estos dos últimos: Ifigenia, Orestes y Electra) y la de los *Labdácidas* (Layo –esposo de Yocasta–, padre de Edipo, y los descendientes del hijo junto con su madre: Eteocles, Polinice, Ismene y Antígona). Las tragedias entraman el destino humano de sus personajes con el origen mixto, divino y humano, de sus antepasados, lo que acarreaba pésimos presagios, ya por desposarse un descendiente de los dioses con un mortal (Cadmo y Harmonía) o porque una pasión desenfrenada apresaba a un dios con un mortal.

2. Otra demarcación neta es la trazada, en el plano social, *entre los hombres de la aristocracia y los que provienen del pueblo*. En tal sentido, los héroes pueden ser figuras vinculadas al poder real (Edipo, Menelao, Agamenón), figuras destacadas por su valor (Áyax, Héctor, Aquiles) o por su astucia (Odiseo es el ejemplo más típico y, también, Orestes, quien, para vengar a su padre, hace creer a Clitemnestra y Egisto que ha muerto en una competencia ecuestre para así engañarlos y poder asesinarlos por sorpresa).

En la obra *Ifigenia en Aulis* (409 a.C.), el Mensajero entra a la tienda de Agamenón para anunciar la llegada de su hija y de Clitemnestra al campamento. Ambas mujeres arriban con la creencia de que la joven virgen viene a celebrar sus bodas con Aquiles cuando, en realidad, va a ser sacrificada por su propio padre. En ese marco, éste eleva sus lamentos:

> ¡Ay, mísero de mí! ¡Me vence el destino! ¡Me han atrapado en redes los dioses! ¡De nada sirvieron mis ardides: el hado va a cumplirse! *¡Qué grato es para el hombre nacer en baja cuna! Puede llorar al menos, puede desahogar sus penas, sin restricción, cuando el dolor lo agobia. Los de alta alcurnia, no. No puede un rey, no puede un magnate explayar sus sentimientos. Está atado por reglas, lo obligan las conveniencias.* (Eurípides, pp. 608-609).

En la misma obra, páginas más adelante, y ante la llegada de la carroza que trae a ambas mujeres, el Corifeo expresa alborozado:

> ¡Salve, salve; dicha, dicha para los magnates! ¡Llega Ifigenia, gloriosa princesa, hija del rey! ¡Llega Clitemnestra, la hija de Tíndaro, reina y señora! *¡Doble blasón de la raza de reyes a quienes la suerte llenó de ventura! Para nosotros los pobres y humildes, son los magnates émulos de los dioses.* (Eurípides, p. 611).

Por otro lado, tener estirpe reconocida parece ser privilegio de la aristocracia, todo un ambiente social en el que el pasado y la tradición ejercen un poder enorme sobre el presente, ligado a la historia de las viejas glorias familiares, en general reyes, héroes o hijos e hijas de algún dios (Heracles o Harmonía, por caso) y al peso de su ejemplaridad para con sus descendientes. No hay estirpe en la gente del pueblo, y la memoria parece limitarse a la generación presente o hasta la de los padres.

Las grandes obras que han sido recuperadas se nutren de mitos, gestas, linajes y leyendas que, en su mayor parte, presentan figuras de origen aristocrático. En efecto, tal como lo expresa Kirk, G. (1992), se refieren a héroes y personajes superiores, alejados por su nacimiento y contexto de la gente ordinaria y que, a menudo, se sitúan en un pasado remoto. Sus protagonistas tienen nombre propio, una historia gloriosa y una genealogía ilustre. Es más, muchas veces se encuentran emparentados con algún dios o diosa, a diferencia de los cuentos populares, que se refieren a la vida y a problemas y aspiraciones de la gente corriente, en los que la familia actual es el tópico más frecuente y no tienen tanto peso los antepasados.

La gente común, sin pasado ilustre, más allá de estas diferencias en el plano social, asistía al teatro para ver la representación de las obras y, al sentirse identificada con algunos de los personajes, expresaba sus sentimientos con gritos, llantos, enojo o manifestaciones de apoyo y, así, al poder expresarlo, encontraba cierta liberación, como si hubiera sacado fuera sus propios dolores y miserias. Se trata, entonces, de una de las primeras manifestaciones de liberación por la palabra, y a este efecto los griegos asignaban la palabra *khátharsis*, que significa purificación o purgación.

3. Otra diferencia se da en el plano generacional: por un lado, *los ancianos*, que cumplen importantes funciones en la polis griega, como asesorar al *basileus* (rey) o impartir justicia; por el otro, *los jóvenes*[4].

En *Antígona* (Sófocles), Hemón se dirige a su padre Creonte para pedir clemencia por su amada:

> A pesar de mi edad, puedo darte un buen consejo; sin embargo, creo que el hombre experimentado tiene supremacía sobre los demás; pero si no es así, bueno es aprender de los consejos juiciosos que nos dan los otros. (p. 28).

A lo que Creonte responde:

> ¿Acaso, a nuestra edad, hemos de aprender prudencia de un mozalbete? (p. 28).

4. También encontramos diferencias de género *entre el mundo de los hombres*, que ejercen un poder que proviene de su condición de guerreros, *y el mundo de las mujeres*, que en las batallas siempre suelen formar parte del botín de guerra. Además, se desconfía de su valor y de su firmeza y son presentadas como volubles en más de una obra. Por supuesto, hay excepciones, y dos de las más sublimes son Antígona (hija de Edipo y Yocasta) y Alcestes (quien decide morir en lugar de su esposo). En Eurípides incluso encontramos varias tragedias que llevan el nombre de personajes femeninos: Ifigenia, Hécuba, Andrómaca, todas ellas personajes inolvidables y profundamente trágicos.

Sobre lo femenino, en la obra *Prometeo encadenado* (Esquilo), el héroe, en una osada interpelación a Zeus, expresa:

---

4   Es notable cómo en las tragedias conservadas, poco y nada se menciona la infancia. Escasas veces aparecen niños en ellas y sólo se los menciona alusivamente, lo cual de algún modo demuestra que las tesis de Ariés, Duby y Lloyd de Mauss, acerca de la variabilidad histórica, social y cultural del concepto de infancia y el tiempo de niñez, son certeras y pertinentes. En *Áyax* (Sófocles), el héroe pide ver a su hijo y afirma que *"hay que amansarlo, como un potro"* (p. 113).

> Jamás se te ocurra que yo, por temor a un decreto de Zeus, voy a afeminar mi temperamento y a suplicar al que tanto odio, volviendo hacia arriba mis manos como una mujer, que me libere de estas cadenas. Estoy muy lejos de ello. (p. 201).

Afeminar el temperamento, para Prometeo, tenía que ver con suplicar al dios el fin del castigo y hacerlo de un modo melodramático, "volviendo hacia arriba sus manos". En su pensamiento, una acción semejante no es digna de un hombre, pero sí es esperable de una mujer.

Puede encontrarse otro ejemplo en la obra *Agamenón* (Esquilo), en la que el Coro ofrece la siguiente descripción de la mujer:

> Demasiado crédulo, el corazón femenino marcha veloz; pero la fama difundida por las mujeres muere rápido y pronto se pierde. (p. 69).

En la Antistrofa 1 de *Coéforas* (Esquilo), al hacer referencia a las pasiones y a la mujer, el Coro señala:

> Pero del *pensamiento* arrogante del hombre ¿quién podría hablar? y de las *pasiones* desenfrenadas en los corazones de mujeres audaces, compañeros de las ruinas (...) de los mortales. Una pasión, perversa pasión, que domina a las mujeres, doblega las conyugales uniones de monstruos y mortales. (pp. 173-174).

Es necesario resaltar en este parlamento la distinción de atributos entre hombres y mujeres: cuando se hace referencia a los hombres, se destaca su "pensamiento arrogante", es decir, se los considera seres pensantes que, en ocasiones, pueden pecar de arrogancia. Por su parte, cuando se describe a las mujeres, el atributo del pensamiento parece estar ausente; por el contrario, para hacer referencia a ellas, se suelen señalar las "pasiones desenfrenadas de sus corazones".

En estas expresiones, se debe presentar particular atención a los sustantivos: pensamiento en el hombre y pasiones en la mujer. Los adjetivos, en cambio, –arrogante y perversa– darían cuenta de una degeneración de ambos caracteres. En esta misma obra, más adelante, en el Episodio III, el Coro expresa:

> No hay más garantía para los mensajes que el que un hombre se informe frente a otro hombre. (p. 188).

En este texto queda en claro que, según lo expresa el coro, la palabra de la mujer no es considerada fiable, idea que es posible rencontrar en varias culturas y hasta en los propios textos sagrados. Quizás por esto es que la *Función Mensajero* sea ejercida en la mayoría de las tragedias, por hombres.

En *Antígona* (Sófocles), Creonte, hermano de Clitemnestra, señala:

> Mejor es, si es necesario, caer por la mano de un hombre, que no ser llamados inferiores a una mujer. (p. 27).

En la obra de Sófocles, *Edipo en Colono,* luego de que el protagonista expresa dolor por sus hijos varones (Eteocles y Polinice), que lo traicionaron y sólo manifiestan interés por tomar el poder de Tebas, señala la diferencia con la actitud asumida por sus hijas mujeres (Antígona e Ismene), quienes lo acompañan y cuidan en su destierro, razón por la cual declara lo siguiente:

> Y cuando les hubiera bastado decir una palabra en mi favor, me condenaron para siempre al exilio y a la pobreza. En cambio, estas dos hijas, estas dos doncellas, *a pesar de la debilidad de su sexo*, emplean toda la fuerza que su naturaleza les ha dado en procurarme el sustento (...) Por su parte, ellos han rechazado a su padre, para sentarse en el trono, empuñar el cetro y gobernar el país. (p. 246).

Más adelante en la misma obra, agrega:

> Si no hubiese engendrado a mis hijas que me alimentan, no hubiera sobrevivido. Ahora, ellas me salvan y me nutren; *actúan como hombres y no como mujeres*, para auxiliarme en mis necesidades. (p. 275).

En *Hipólito* (Eurípides), en un diálogo entre la nodriza e Hipólito, éste exclama:

> ¡Ah, Zeus, Zeus! (...) ¿Cómo es que diste ser ante la luz del sol a este pérfido, adulterado mal que las mujeres son para los hombres? ¡Querías que la progenie de los hombres se propagara, no era fuerza que para ello existieran mujeres! (...) la mujer es un mal inmenso: la engendra el padre, la nutre y la educa (...) aun da la dote para que se vaya a otra parte (...) gasta y gasta, hasta no ver exhaustos sus tesoros. (p. 145).

Finalmente, en la versión de Eurípides de *Orestes,* el corifeo declama:

¡Siempre fue la mujer un cepo en que el varón deja preso su pie! ¡Doliente mal que lo empuja a la desdicha! (p. 568).

De este modo, la mujer es presentada como no fiable, débil y manejada por las pasiones desenfrenadas; en otras palabras, como un mal inmenso que se podría haber evitado. Algunas pagan sus dones con una buena cuota de supuesta locura: así, Casandra, la sacerdotisa de Delfos, poseé el don que le permite ver y anunciar el futuro, pero para ello tiene que estar loca en el presente. Sin embargo, más allá de estas consideraciones peyorativas, en muchas obras hay personajes femeninos incomparables y que dan muestras de sacrificio ejemplares: Antígona, Ifigenia, Alcestes, Andrómaca, Hécuba o Polixena.

5. En cuanto a la *responsabilidad de las acciones*, que constituye el nudo central de muchas tragedias, es frecuente el tema de hasta dónde llega la posibilidad de decisión humana, y hasta dónde llega el deseo de los dioses y la fuerza inexorable del destino, que finalmente se impone.

Así, la tragedia muestra a los hombres realizando acciones de las que no son totalmente responsables, y esto revela que, en gran parte, el destino no está totalmente en sus manos, pero ello de ninguna manera les quita responsabilidad en tanto hay, también, momentos de elección. Claro ejemplo de ello es la decisión tomada por Agamenón de sacrificar a su hija Ifigenia para que las naves griegas puedan partir contra Ilión con vientos favorables y tener éxito en la contienda. Porción de decisión individual que, una vez tomada, desata la porción de un destino que, ahora sí, se vuelve inexorable.

Tal es el caso, también, de Aquiles, rival acérrimo de Agamenón y Menelao, quién decide entrar al combate sólo para vengar la muerte de su amante Patroclo, pero sabiendo que, si combatía, estaba condenado a morir, según lo había vaticinado el oráculo. La palabra *moira* da cuenta de esta suerte de corresponsabilidad, humana y divina.

En otras obras, en cambio, toda la responsabilidad parece quedar en manos de un destino inmodificable, en tanto la acción humana es entendida como *hamartia* (error), que designa la acción cometida con ignorancia, sin consciencia (en el vocabulario griego se opone a *hekón*, que significa voluntariamente, a propósito). El llamado *error trágico* encuentra sus modelos en Edipo y Tiestes porque ambos cometieron las peores acciones sin saberlo. Tiestes se comió a sus propios hijos por invitación de su hermano Atreo, que cocinó a sus sobrinos como venganza por haberlo engañado con su mujer. Por su parte, todo el tratamiento de Sófocles profundiza en la cuestión de que Edipo no sabía lo que hizo al cometer parricidio e incesto. Pero el dramaturgo describe que, aunque el personaje hubiese salido libre ante un tribunal ateniense de la época, en el que desde hace poco se tomaba en cuenta la intención del agente, nada lo libraba de haber cometido la peor falta ante el juicio de los dioses olímpicos. En todo caso, en la prehistoria de Edipo, son otros quienes tuvieron en sus manos la posibilidad de evitar el desencadenamiento de la tragedia (Cadmo y Harmonía en el inicio de la estirpe, Layo al violar a Crisipo, lo que lo empujó al suicidio, y Yocasta al emborrachar a su marido para así quedar embarazada y traer un hijo al mundo en contra de las advertencias del oráculo).

En *Edipo en Colono* (Sófocles), el protagonista reflexiona sobre la escasa responsabilidad que tuvo sobre sus actos:

> Mis actos, si son ellos los que les inspiran ese terror hacia mí, no los realicé voluntariamente, sólo los soporté. (p. 240).

> Yo cargué con el crimen a pesar de mí, la divinidad lo sabe. Nada de todo ello fue voluntario (…) Lo maté, pero sin conocerlo. Soy inocente porque ignoraba mi delito al cometerlo. (pp. 249-250).

En otro momento, en el marco de una fuerte discusión con Creonte, Edipo vuelve a señalar:

> Por otro lado, si un oráculo anunció a mi padre que sería muerto por su hijo, ¿con qué derecho me criticas por esa muerte, cuando todavía no estaba ni engendrado por mi padre, ni concebido por mi madre, ni nacido? (p. 264).

En *Las Fenicias* (Eurípides), el oráculo de Delfos, ante la consulta de Layo y Yocasta respecto de que se les conceda el poder tener prole masculina, responde:

> ¡Príncipe de los tebanos de hermosos caballos, no deposites semillas en el surco de la vida, contrariando a los dioses. *Que si algún hijo engendras*, te matará el engendrado. Y toda tu casa hundida en sangre quedará. (p. 509).

En cambio, en la tragedia *Agamenón* (Esquilo), Clitemnestra –quien asesina en complicidad con su amante a su esposo Agamenón, que regresa de su guerra contra Ilión– intenta exculpar su crimen haciendo responsables absolutos a los dioses del homicidio cometido para así salvar su vida ante la furia vengadora de sus hijos Orestes y Electra.

De todos modos, no toda la responsabilidad recae sobre la fuerza inexorable del destino deseado y señalado por los dioses. En *Edipo en Colono* (Sófocles), Antígona lo expresa muy claramente cuando le advierte a su hermano Polinice:

> ¿Ves cómo *ayudas a que se cumplan las predicciones* de nuestro padre, que les anuncia que perecerán el uno a manos del otro? (p. 276).

Antígona, heroína inolvidable, decide cargar sobre sí misma toda la fuerza de la historia, y es quien, con un coraje extraordinario, decide enfrentar el poder del rey y su propio destino, a sabiendas de que tal decisión la llevaba a la muerte.

En *Electra* (Eurípides), el Coro da fin a la tragedia con la siguiente afirmación:

> ¡Vivid felices! ¡Poder vivir alegre y no sucumbir al golpe del destino es para los mortales ser dichoso. (p. 455).

6. El monte Olimpo, ubicado en las alturas, es la morada donde residen los dioses. Por otra parte, la vida de los hombres transcurre en la tierra, en el mundo sublunar, distinción presente en la mayoría de las culturas entre *lo alto y lo bajo*, lo primero vinculado a lo sublime y celestial, lo segundo a lo excrementicio. De allí, también, la oposición respecto del mundo oscuro del Hades, donde reinan este dios (el Zeus de los infiernos) y Perséfone. En tanto, en el plano social, no ya mítico-religioso, los hombres se distribuyen desde lo alto hasta lo bajo, según el volumen y estructura del capital con el que cuentan, ya sea que residan en la Acrópolis, en el llano o en la costa.

7. Otra demarcación es la que se da entre *diké*, la mesura como virtud principal a cultivar, que busca el justo medio entre Escila y Caribdis[5] y, del otro lado, *hybris* o desmesura, que obnubila todo raciocinio y hace

---

5 Freud retomará este tema al expresar que toda educación debe transitar por el justo medio entre el Escila del prohibir y el Caribdis del dejar hacer. Más adelante se retomará esta cuestión que posiciona, de un lado, al padre o al maestro autoritario y, del otro, al que sólo habilita sin prohibir nada.

esclavo al sujeto de sus pasiones desenfrenadas. En *Los Persas* (Esquilo), la sombra de Darío, padre del derrotado Jerjes, explica:

> (...) cuando se es mortal no hay que abrigar pensamientos *más allá de la propia medida*. Cuando la soberbia florece, da como fruto el racimo de la pérdida del propio dominio y recolecta cosecha de lágrimas. (p. 46).

En *Prometeo encadenado* (Esquilo), el Coro, dirigiéndose al personaje principal, afirma:

> ¡Esto has sacado de tu inclinación a la humanidad! (...) has dado a los seres humanos honores, traspasando los límites de la justicia. (p. 166).

Prometeo responde:

> (...) a ellos, que anteriormente no estaban provistos de entendimiento, los transformé en seres dotados de inteligencia y en señores de sus afectos (...) Todo lo hacían sin conocimiento. (pp. 180-181).

Éste es el acto desmesurado de Prometeo, haber acercado por demás el mundo de los hombres al de los dioses, y por ello es cruelmente castigado.

8. En muchas tragedias (por ejemplo, *Orestíada* de Esquilo y *Antígona* de Sófocles) se juega una fuerte oposición entre el *derecho a la venganza* por el asesinato de un ser amado o un familiar, *y la Justicia*, vinculada a la polis y a la democracia. Ejemplo de ello son, por un lado, la idea de venganza, representada por las Erinias[6], acompañantes del culto a Atenea y, por el otro, la idea de justicia, inspirada en Apolo. Así, los dioses se disputan el castigo que merecía Orestes por vengar la muerte de su padre y asesinar a su madre (Esquilo: *Las Euménides*) o el de Antígona (Sófocles: *Antígona*), quien antepone la ley de los dioses a la ley del gobernante y decide enterrar a su hermano Polinice, condenado

---

6　Las Erinias nacieron de las gotas de sangre derramada en la castración de Urano a manos de su hijo Crono, quien luego será depuesto por su hijo Zeus. Son, por tanto, resultado de un parricidio. Se trata de antiguas divinidades vengadoras de los crímenes de sangre que no pertenecen al mundo del Olimpo y se presentan como agentes de justicia.

por Creonte, tío materno de ambos. En *Electra* (Sófocles), ante el falso anuncio de la muerte de Orestes, su hermana expresa:

> (...) ella encontró quien vengara a su víctima; en cambio yo no tengo a nadie, porque el que todavía tenía me ha sido arrebatado. (p. 73).

En la misma tragedia, el Coro expresa:

> El vengador de los muertos se introduce con pasos sigilosos en la morada paterna y lleva en las manos la espada recién afilada. Y Hermes, el hijo de Maya, ocultando en tinieblas el engaño, lo encamina directamente al blanco. (p. 91).

El final de la trilogía da cuenta del triunfo de la democracia al exponer el crimen cometido por Orestes ante el *Areópago*, un alto tribunal cuyos magistrados eran llamados *Arcontes* y que resolvían conforme a derecho, evitando así que la cadena de venganzas continúe y promoviendo que los conflictos entre los ciudadanos o entre los ciudadanos y el Estado se resuelvan ante jueces y conforme a leyes.

9. En consonancia con lo anterior, otro par de oposiciones es la opción entre dictadura y democracia. En este punto, hay que tomar en cuenta que el teatro griego nació bajo el dominio dictatorial de Pisístrato y, posteriormente, de sus hijos –Hiparco e Hipias– y que, después de estos, Atenas inauguró su democracia, y los grandes trágicos dieron cuenta de todo ello.

En *Suplicantes* (Eurípides), Teseo, *basileus* de Atenas, recibe al Mensajero tebano que reclama, en nombre de Creonte, la entrega de Adrasto[7] y que los enemigos muertos (argivos, originarios de Argos, ciudad griega del Peloponeso) no sean enterrados. Ante estos pedidos, el héroe ateniense expresa:

> Yerras desde el principio, oh extranjero: buscas un rey aquí. Esta ciudad no es gobernada por un solo hombre. Es una ciudad libre. El pueblo reina: uno en pos de otro, se van turnando los magistrados cada año. Aquí no hay privilegios para el rico: rico y pobre, tienen el mismo derecho. (p. 284).

---

7   Adrasto, rey de Argos, acogió a Polinice, hijo de Edipo, luego de que fuera desterrado por su hermano Eteocles. Juntos deciden atacar Tebas para destronar a Eteocles, historia que fue relatada en la obra *Siete contra Tebas*.

Responde el Mensajero:

> ¡Sí, la ciudad de donde yo vengo es regida por un solo hombre: no es dominada por la plebe, ni en ella se apoya! (p. 284).

Teseo replica:

> ¿Qué hay para un pueblo peor que un tirano? ¡Se acabaron las leyes, que escritas sólo quedan! ¡Un hombre solo manda! La ley, es letra muerta. Iguales no son ya los hombres. Pero si hay leyes fijas, si gobierna el derecho, tiene el mismo derecho el pobre, como lo tiene el rico. (p. 284).

En *Ifigenia en Aulis* (Eurípides), Aquiles, muy enemistado con Agamenón y su hermano Menelao, a quienes considera tiranos, se lamenta:

> Ardiendo está mi sangre. Aborrezco toda tiranía. (p. 619).

Las tragedias no sólo son textos moralizantes, míticos, épicos e históricos. Son también textos políticos. Sientan posición en debates contemporáneos. No es casual tampoco, y da mucho para pensar el hecho de que la tragedia se imponga, crezca, alcance su máximo desarrollo y luego decaiga hasta desaparecer, en paralelo con el nacimiento, auge y caída de la democracia ateniense.

———— ◆ ————

Los trágicos griegos

Los autores trágicos Esquilo, Sófocles y Eurípides fueron figuras célebres en las competencias realizadas en Atenas. De los dos primeros se conservaron siete obras de cada uno, en tanto que del tercero pudieron recuperarse diez y nueve.

1. Esquilo y su obra (525/524 a.C., Eleusis – 456/455 a.C., Gela, Sicilia)

Cuando Esquilo nace, alrededor del 525/524 a. C., Atenas estaba bajo la tiranía de los Pisistrátidas, Hipias e Hiparco, hijos de Pisístrato. Su nacimiento se produce en Eleusis, ciudad del Ática reconocida porque allí se celebraban los cultos mistéricos de Deméter y Perséfone. Este autor perteneció a la tercera generación después de Tespis –el primero de los trágicos griegos–, y combatió tanto en Maratón como en la batalla de Salamina contra el ejército persa de Jerjes.

En la época en que nace el teatro (siglo V/IV a.C.) había dos grandes festividades: las *Panateneas*, festival religioso en el que los rapsodas recitaban poesías inspirados en la obra de Homero, y las *Dionisíacas*, en las que se representaban tragedias con los elencos y dramaturgos seleccionados. Con la caída de la tiranía entre los años 514 y 501, la situación política cambia porque Hiparco es asesinado, en tanto su hermano Hipias sufre la pena del destierro. Se juega entonces la transición de la tiranía a la democracia y llegan al poder Clístenes e Iságoras.

Esquilo realiza su primera representación en las dionisíacas del año 499 a. C., y en sus obras (se calcula que escribió cerca de noventa), en las que se muestra como un eximio poeta y un gran teólogo, presenta una concepción original de la culpa y del castigo. En sus producciones siempre presenta un conflicto indisoluble entre dos posiciones antagónicas, con toda la tensión que de ello resulta, y una convergencia final representada en una solución pacífica que sintetiza elementos de las anteriores actitudes opuestas.

Esquilo es quien introduce un segundo actor en la escena, además del Coro, lo que le da otra dinámica a la representación y permite el diálogo entre los personajes. Las siete obras que pudieron recuperarse de este genial dramaturgo fueron:

LOS PERSAS (472 a.C.): Se trata de un canto de triunfo de la flota griega sobre el multitudinario ejército de Jerjes en la batalla de Salamina durante las guerras médicas.

LOS SIETE CONTRA TEBAS (467 a.C.): Representa el sitio a Tebas comandado por Adrasto, rey de Argos, y Polinice, quien había sido desterrado por su propio hermano Eteocles, ambos hijos de Edipo. Los dos están condenados a morir, uno en las manos del otro, en razón de la maldición proferida por su padre Edipo, quien se sintió abandonado por ellos en sus momentos más aciagos. Sin embargo, es preciso recordar que también existía una maldición previa, una mancha que abarcaría tres generaciones, proferida por el padre de Crisipo, un amigo que hospedó a Layo y a quién éste traicionó al intentar seducir a su hijo, lo que provocó su suicidio.

LAS SUPLICANTES (463/461 a.C.): Basada en el tema mítico de la aversión de las cincuenta hijas de Dánae a contraer matrimonio con cincuenta jóvenes egipcios, que son sus primos. El padre huye con sus hijas hacia Argos, su antigua patria, en busca de la protección de Pelasgo, su rey, y de la ciudad.

PROMETEO ENCADENADO (s.f.): El protagonista es un titán amigo de los mortales que roba el fuego sagrado custodiado por Hefesto (divinidad del fuego, los artesanos, herreros y escultores) para entregarlo a los humanos, y por ello es duramente castigado. Así, Zeus lo condena a ser atado a una roca en un lugar remoto y desolado, donde un águila come todas las noches su hígado, que vuelve a crecer durante el día. Ésta es una obra muy crítica hacia la tiranía que, además, da cuenta del terrible acto de desmesura de Prometeo, quien pretende restarle poder a los dioses para dárselo a los humanos.

Trilogía completa: (La) ORESTIADA[8]: La trilogía muestra la fatalidad que se cierne sobre la casa de Atreo, que vuelve víctimas a los miembros de esta familia de un furor vengativo que sólo se calma al matarse unos a otros. En el conjunto de las tres obras se da cuenta de cómo la venganza luego es desplazada por la justicia y la polis, representada en sus instituciones, que se transforma en la administradora de justicia. Se trata también de demostrar que la democracia es un sistema más justo que la tiranía. En la obra final, Atenea persuade a las Erinias de someter el caso de Orestes ante un tribunal conformado por ciudadanos de Atenas y las compromete a aceptar el veredicto.

En estas tres grandes obras asistimos a una cadena de crímenes horrorosos que parece no terminar nunca: *filicidio* de Ifigenia, víctima inocente asesinada por su padre; *uxoricidio* cometido por Clitemnestra contra su esposo Agamenón por su decisión de privilegiar la marcha hacia Ilión por sobre la vida de su amada hija; *matricidio* cometido por Orestes para vengar la muerte de su padre y por intercesión de Apolo; y *asesinato* de Egisto, amante de Clitemnestra. Los títulos de estas obras son:

- ***Agamenón*** (458 a.C.): Ésta es la primera obra de la Trilogía; el tema principal trata del regreso de Agamenón y Casandra, la pitonisa troyana cautiva, y el asesinato de ambos a manos de Clitemnestra (esposa del guerrero, y madre de Electra, Orestes e Ifigenia –sacrificada por su padre–) y su amante Egisto.

---

8   Se trata de la única trilogía que fue encontrada completa y, además, que guarda cierta unidad temática hasta el desenlace final. No sucedía lo mismo con la de los otros dos poetas trágicos, en los que esta continuidad no estaba asegurada.

- ***Las coéforas*** (458 a.C.): El tema principal de esta obra versa sobre el regreso de Orestes con el fin de vengar la muerte de su padre Agamenón, por mandáto del dios Apolo.
- ***Las euménides*** (458 a.C.): Esta obra final de la Orestíada se inicia con el tormento de Orestes, perseguido por las Erinias (furias) y termina con la paz que encuentra el matricida ante el veredicto del tribunal. Orestes, Apolo y las Erinias comparecen ante un jurado de atenienses en el Areópago, institución fundada por Atenea para resolver casos de justicia sin apelación a la violencia, y llegan a un acuerdo de respeto del fallo final. Esto sella la cadena de muertes en el seno de la familia de Agamenón y, de algún modo, instituye la justicia por sobre la venganza ciega e interminable.

2. Sófocles y su obra (496 a.C., Colono Hípico – 406 a.C., Atenas)

Este autor, nacido en el seno de una familia acomodada, es considerado uno de los máximos dramaturgos griegos y concretó sus obras durante el siglo V a.C. bajo la poderosa influencia que para los atenienses tenía la figura de Esquilo.

Sófocles, quien llegó a ganar diecinueve veces el primer premio, introduce una serie de innovaciones importantes en el teatro de su época:

1°) renuncia a la escritura de trilogías encadenadas entre sí por una misma línea argumental y presenta tres obras independientes unas de otras;
2°) aumenta el número de coreutas al llevarlo de doce a quince integrantes;
3°) incorpora un tercer actor al drama, por lo que el diálogo se vuelve más complejo;
4°) presenta un único protagonista sobre el cual recae el peso de la historia, aunque en un primer momento dividió la tragedia en dos momentos, cada uno de ellos monopolizado por un personaje (Áyax y *Las Traquinias*);
5°) para realzar la grandiosidad de tales personajes heroicos, contrapone una figura de talla inferior: en el caso de Antígona, le contrapone la figura de su hermana Ismene, y en el caso de Electra, la de Crisótemis.

En sus obras, el centro de interés se encuentra en la voluntad, las decisiones y el destino de sus personajes llenos de matices psicológicos, y que suelen mostrar algunas imperfecciones en su carácter que les permiten soportar sus trágicos e indeseados destinos.

Escribió más de cien piezas dramáticas, de las cuales se conservan siete tragedias completas y fragmentos de otras ochenta.

ANTÍGONA (441 a.C.): Relata el conflicto que se desata con la muerte de sus dos hermanos, cada uno a manos del otro: Eteocles y Polinice. El primero se niega a entregarle el poder a su hermano, quien tiene que ir al destierro y regresa con un ejército enemigo para tomar Tebas por la fuerza (ver *Siete contra Tebas*, de Esquilo). Eteocles recibe sepultura en su ciudad con todos los ritos funerarios correspondientes, en tanto su hermano, considerado un traidor por Creonte, no puede ser enterrado. El drama pone en tensión el contraste entre la ley de los dioses (enterrar a los muertos) con la ley de los hombres (los traidores no merecen ser sepultados). Antígona desobedece a Creonte y entierra a su hermano, lo que le acarrea su propia muerte, pero, además, conduce a dos suicidios: el del hijo del gobernante, Hemón, quien estaba enamorado de la protagonista, y el de Eurídice, esposa de Creonte, al enterarse de la muerte de su hijo.

EDIPO REY (406/405 a.C.): La trama gira en torno a la figura de Edipo, quien poco a poco va desentrañando la cruel verdad sobre su origen y destino. Así descubrió que, para ascender al trono de Tebas, cuestión que le correspondía legítimamente por ser hijo de Layo y Yocasta, hubo de asesinar, involuntariamente, a su padre, desposar a su madre y tener cuatro hijos con ella. En esta obra, el autor introduce una modificación muy importante, ya que cuando el oráculo responde a la pregunta de Layo y Yocasta acerca de por qué no podían tener descendencia, responde usando el verbo en condicional, esto es, que un hijo que "*naciera*" de ellos, mataría a su padre y se acostaría con su madre. Esa expresión otorga un margen de libertad a la acción humana, al tiempo que advierte que, una vez nacido, nada impedirá que el destino se cumpla.

Por otro lado, la tragedia presenta algunas ironías o inconsistencias entre aquello que cree hacerse por propia voluntad y la fuerza de un sino, desconocido por el personaje, pero que se impone inexorablemente.

Dos ejemplos son, que cuando Edipo escucha la respuesta del oráculo sobre su origen, cree decidir por voluntad propia no volver a Corinto para alejarse de la ciudad en la que residían quienes creía que eran sus padres (Pólibo y Mérope) y toma el camino contrario, sin saber que estaba dirigiéndose justamente hacia su ciudad de origen, o cuando, ya rey de Tebas, decide encarar una investigación con el fin de descubrir al asesino de Layo, sin saber que él mismo lo era:

> Dado que ahora yo poseo el poderío que él tenía anteriormente
> y teniendo en cuenta que yo he tomado por esposa a su propia
> mujer y que si él hubiera tenido hijos, ellos hubiesen llegado
> a ser los míos; ya que el hado adverso se precipitó sobre su
> cabeza, *yo lucharé por él como si fuese mi padre* e intentaré todo
> para encontrar al matador del hijo de Lábdaco (...). (p. 189).

Magistral parlamento de Edipo en una de las obras con mayor tensión dramática de toda la historia de la tragedia. Anticipación de las desgracias que se ciernen sobre él, ironía de un destino inexorable que parece mofarse del propio protagonista, o un cierto saber inconsciente sobre algo que no se sabe que se sabe.

Podría afirmarse que, a partir de ese momento, la obra se transforma en el primer policial de la historia. En tal sentido, dirigiéndose al Coro, Edipo declara:

> Como extraño al oráculo y al hecho ocurrido, no avanzaré mucho en mi investigación si no obtengo algún indicio. (p. 188).

EDIPO EN COLONO (430 a.C.): Esta tragedia muestra un Edipo más reflexivo que, de algún modo, se reconcilia con el destino que le tocó vivir y muestra su misteriosa muerte en Colono, un santuario localizado en las cercanías de Atenas consagrado a las poderosas Euménides. Tras vagar durante años, y siempre en compañía de ese maravilloso personaje que es su hija Antígona, fiel defensora de sus hermanos y de su padre (en contraste flagrante con los otros tres hijos), el protagonista se prepara para morir en el destierro[9].

Llama poderosamente la atención en esta tragedia cómo en un diálogo que transcurre entre el Corifeo, Edipo e Ismene, el primero de ellos dice a Edipo:

> Puesto que las llamamos Euménides, que reciban con corazón
> benévolo a un suplicante que se presenta como salvador. Píde-

---

9 Luego del intento de seducción de Layo a Crisipo, hijo del amigo que le dio alojamiento, el joven se suicida. Su padre, enfurecido, maldice a Layo y a toda la estirpe de los labdácidas, es decir, a los hijos de Lábdaco, hasta su completa desaparición de la faz de la tierra. Así, la maldición se transmite por tres generaciones hasta llegar a su cumplimiento total con la muerte de Layo y Yocasta en la primera generación, de Edipo en la siguiente y de sus cuatro hijos en la última: Eteocles, Polinice, Ismene y Antígona, quienes mueren sin tener descendencia. Éste es el fin de la estirpe inaugurada con las bodas de Cadmo (fundador de Tebas) y Harmonía.

les tú mismo, o si algún otro habla por ti, que sea en voz baja, y después, *retírate sin mirar.* (p. 247).

¿Qué quiso decir el autor con este parlamento del Corifeo? Sabido es que en la tragedia que le antecede, *Edipo Rey*, al descubrirse la verdad, Yocasta se suicida y su esposo e hijo se vacía los ojos. Es, una vez más, el Mensajero quien pone en palabras lo sucedido:

> [Edipo] Gritando terriblemente y como de la mano de un guía, se lanzó contra la doble puerta (...) y se precipitó en la habitación. Allí vimos a la mujer colgada de la cuerda que la ahogaba. Al verla, el infeliz se estremeció de horror y desató la cuerda. Luego de caer al suelo la desdichada, fue atroz de ver lo que presenciamos. Arrancó los broches de oro de los vestidos de Yocasta y se sacó con ellos los ojos. (p. 222).

Otra vez, el desenlace de la tragedia es comunicado al público por el Mensajero, testigo privilegiado del horror y que *pone en palabras* lo acaecido.

ELECTRA (418/410 a.C.): Drama que puede ser puesto en tensión con la *Orestíada* de Esquilo, en tanto se refiere a la hija de Agamenón y Clitemnestra, y a la venganza llevada a cabo por Orestes, alentado por Apolo. A los siete años del asesinato de Agamenón, Orestes y Electra se encuentran ante la tumba de su padre.

ÁYAX (450/430 a.C.): Se trata de uno de los guerreros más célebres de Atenas, que combatió valientemente en la guerra contra Ilión. Su padre, rey de Salamina, era Telamón y condujo las fuerzas de esta isla hacia el sitio del combate. El tema principal está vinculado a la cólera de este guerrero por no haber recibido como premio la armadura de Aquiles y, por ello, decide matar a los jefes griegos, los hermanos Agamenón y Menelao. Ante esta amenaza, la diosa Atenea, que los tenía bajo su protección, evitó el crimen y mató en cambio a Áyax, a quien primero enloqueció.

LAS TRAQUINIAS (450/410 a.C.): Esta obra muestra a una mujer, Deyanira, que se siente abandonada por su esposo Heracles, ya que él dirige su interés a la bella y joven Yole. Cansada de compartir su cariño, decide hechizarlo y usa la sangre de Niso, un centauro que la tocó con lascivia cuando era pequeña. Sin embargo, la sustancia, en vez de hacer que vuelva a enamorarse de ella, lo lleva a la muerte.

FILOCTETES (409 a.C.): Famoso arquero, amigo de Heracles, quien le regaló su arco y sus flechas envenenadas. Cuando partía hacia Ilión, una serpiente lo picó en un pie y, como la herida tardaba en sanarse, fue abandonado en la solitaria isla de Lemnos. Hacia el final de la guerra, un oráculo anuncia que, para tomar la ciudad, necesitaban contar con las flechas de Heracles. Allí fueron Odiseo y Diomedes a buscar al guerrero herido para llevarlo al frente de batalla. Filoctetes entró en combate y mató al príncipe troyano Paris (quien con sus flechas había dado muerte a Aquiles), pero al volver a su tierra se encontró una sublevación contra él y tuvo que establecerse en Italia.

3. Eurípides y su obra (480 a.C., Fila – 406 a.C., Macedonia)

Yo pinto a los hombres tal cual debieron ser,
y Eurípides los pinta tal cual son.
(Sófocles)

El último de los clásicos en la historia de la tragedia y del teatro griego nace el día de la famosa victoria griega sobre el ejército de Jerjes en Salamina y, a diferencia de Sófocles, que proviene de una estirpe perteneciente a la nobleza, Eurípides es hijo de una familia que se dedicaba a la venta de legumbres y su vida transcurre cuando Atenas ya no es la de antes y atraviesa momentos difíciles. Dicen los expertos que su vida no tuvo la grandeza de la vida de Esquilo, ni la belleza de la existencia de Sófocles, y que su momento de gloria fue tardío y póstumo.

Muchas de sus obras (setenta y cinco tragedias aproximadamente) fueron escritas mientras se hallaba refugiado en una cueva en Salamina. Fue amigo y discípulo de Sócrates y Anaxágoras, y estuvo vinculado a los sofistas Protágoras y Pródigo. Introdujo modificaciones en la tragedia, la hizo más humana, a distancia del *"hierático Esquilo y del augusto pero altísimo Sófocles. Es el poeta del pueblo y para el pueblo"* (trad. Garibay, 1963).

Su muerte, según relatan sus biógrafos, fue atroz al ser despedazado por una jauría de perros en las montañas de Epiro. Del total de su producción, se conservan diecinueve tragedias:

EL CÍCLOPE (s.f.): Esta obra se trata de un "drama satírico" que cuenta cómo Odiseo (Ulises), en su regreso a Ítaca, es arrojado a las costas de Sicilia donde habita Polifemo, el cíclope. La tragedia cuenta el cautiverio de Odiseo y sus hombres (algunos de ellos, devorados por Polifemo) y su escape de la isla haciendo gala, una vez más, de su famosa astucia y falta de escrúpulos.

ALCESTES (438 a.C.): En ésta, su primera tragedia, el amor supera en fuerza al instinto de supervivencia, ya que la protagonista se ofrece a morir en lugar de su amado esposo Admeto, aunque finalmente es rescatada del Hades por Heracles en agradecimiento a la hospitalidad que supieron brindarle. En esta obra se destacan la generosidad extrema de Alcestes, la fuerza del amor y el gran valor otorgado a la hospitalidad y la amistad, en franco contraste con la actitud egoísta asumida por Admeto al aceptar que su esposa muera en su lugar. Es un drama moral en el que se rinden loas a la fidelidad, el amor conyugal, la hospitalidad y la gratitud por los favores recibidos.

MEDEA (431 a.C.): La protagonista ayudó a Jasón en su difícil misión de conquistar el vellocino de oro y, luego, escapó con él y los Argonautas, con la promesa del héroe de casarse con ella. No obstante, al llegar a Corinto, el rey Creón casa a su hija con Jasón, por lo que Medea es desterrada, pero, antes de partir, incendia el castillo y mata a sus propios hijos. Medea representa como nadie el amor y la furia en tensión constante; su opresión y la inteligencia puestas en juego para poder librarse de la pasión desmesurada, el deseo de venganza y el amor por los hijos.

LOS HERACLIDAS (430/420 a.C.): Se trata de una obra que da cuenta de las vicisitudes que atraviesan los hijos de Heracles hasta llegar a Atenas. Algunos autores expresan que con ella se intenta predisponer a los atenienses contra los espartanos.

HIPÓLITO (428 a.C.): La obra trata de la pasión desmedida que atrapa a Fedra, esposa de Teseo, por el hijo de éste con una amazona. Hipólito había despreciado a la diosa Afrodita y mostraba clara preferencia por Artemis, de allí que la diosa buscó venganza creando una pasión desenfrenada en Fedra hacia su hijastro. Fedra acusa al joven de violentarla y luego se suicida, lo que desata la ira de Teseo sobre su hijo. En esta tragedia, como en otras, los dioses dirimen sus disputas usando a los seres humanos como peones de sus rivalidades.

ANDRÓMACA (419 a.C.): El argumento de esta obra se centra en el cautiverio de Andrómaca, esposa de Héctor, sucesor de Príamo en el trono de Ilión y máximo héroe de esa ciudad. En el reparto de cautivas, es entregada a Neoptólemo, hijo de Aquiles, que es quien justamente mató a su esposo en feroz combate. La esclava desata los celos de Hermíone, hija de Menelao y Helena, esposa de Neoptólemo, quien no podía tener hijos. La esposa agraviada intenta matar a la cautiva y al hijo que tuvo con su esposo.

HÉCUBA (425 a.C.): Trata del cautiverio de la esposa anciana de Príamo, *basileus* de Ilión, y de su hija Polixena, quien es ofrecida en sacrificio en honor a Aquiles, que la había pedido en matrimonio. De este modo, la mujer pierde a su hija, pero, además, se entera de la muerte de otro de sus hijos, Polidoro (el más pequeño de los hijos de Príamo), que había sido entregado a Poliméstor, rey de Tracia, para así evitar su asesinato; sin embargo, el niño es asesinado por éste. Hécuba pasa de ser la doliente anciana que constantemente recuerda su esplendoroso pasado a ser una madre que decide vengar la muerte de su hijo y castigar a quien había traicionado el deber del cuidado y la hospitalidad, muy valorados por los griegos.

LA LOCURA DE HERACLÉS (416 a.C.): En esta obra, el autor también se toma sus licencias pues, mientras que en la tradición el héroe comete el crimen en un demencial ataque y luego comienza a realizar sus famosos doce trabajos expiatorios, en la obra, al tiempo que se encuentra realizando uno de tales trabajos, Lico se apodera del trono de Tebas y pretende matar a la familia de Heracles. Éste reaparece, mata al usurpador e inicia un ritual para purificar el palacio, pero por obra de Lisa (representante de la Demencia y el Furor), enloquece y mata a su esposa e hijos. Cuando recupera la consciencia, intenta matarse, pero llega Teseo, quien lo disuade y lo lleva a Atenas.

SUPLICANTES (420 a.C.): Retoma lo tratado en *Los Siete contra Tebas* de Esquilo, pero le da una nueva forma. Da cuenta de la llegada a Atenas de madres y abuelas tebanas viudas (las suplicantes) con sus hijos y nietos huérfanos y la noble actitud asumida por Teseo, rey de la ciudad que, para defender el asilo otorgado, derrota a los tebanos, pero, al mismo tiempo, prohíbe a sus hombres arrasar con la ciudad. Dice el Mensajero:

¡Qué fácil fuera, entonces, forzar las puertas, escalar las murallas! Teseo no quiso. Contenía a sus soldados en su ardor. No había venido –dijo– *a arruinar la ciudad: venía a rescatar a los muertos* (p. 291).

ION (413 a.C.): La joven ateniense Creúsa es forzada por el dios Apolo y, a resultas de ello, queda embarazada. Cuando da a luz, abandona al niño –Ion– en el interior de una gruta, bajo la custodia de dos serpientes, de donde es rescatado por el padre y llevado al santuario a él dedicado, para ser allí criado. Años después, Creúsa y su esposo Xutos acuden al templo de Delfos para consultar sobre si alguna vez podrán tener hijos. El oráculo asegura a Xutos que Ion es su hijo y se lo entrega.

Creúsa, por su parte, inicialmente quiere matar al joven por no ser hijo suyo, pero luego se entera de que en efecto es su hijo, el niño que abandonó apenas nació.

LAS TROYANAS (415 a.C.): Troya, tras ser vencida por los griegos y habiendo sufrido la pérdida de la mayoría de sus hombres, queda al mando de pocos sobrevivientes, en su mayoría mujeres. La obra presenta el último día de la ciudad: las mujeres serán tomadas como botín de guerra, y la última esperanza de los troyanos, el hijo de Héctor y Andrómaca, será asesinado. Por otro lado, en el escenario olímpico, los dioses Atenea y Poseidón deciden destruir los ejércitos helenos en altamar por haber destruido a la bella Ilión y por el atentado de Áyax contra Casandra. En esta obra, quien cumple la *Función Mensajero* es un heraldo.

IFIGENIA EN TAURIS (413 a.C.): Orestes llega a Tauris ignorando que la diosa Artemisa salvó a su hermana Ifigenia de ser muerta por su padre Agamenón, y que ahora es su sacerdotisa. Dada su posición como sacerdotisa, la joven tenía la misión de sacrificar a los primeros extranjeros que desembarcaran en la isla y, cuando Orestes –perseguido por las Erinias por haber asesinado a su madre– y su amigo Pílades llegan a Tauris, náufragos por una tormenta, inmediatamente son capturados y llevados para ser sacrificados. Ifigenia reconoce a su hermano y trama una huida con ellos.

ELECTRA (413 a.C.): Tema tratado por los tres grandes trágicos: mientras que en Esquilo el Estado hace cumplir la ley por sobre la venganza, en Sófocles, Orestes y Electra no presentan arrepentimiento alguno por el asesinato de su madre Clitemnestra. Por su parte, en Eurípides, sus protagonistas entran en crisis.

HELENA (412 a.C.): Obra que trasunta una visión muy personal sobre este personaje y sobre sus peripecias durante la guerra. Muestra una Helena casta, pero sin el carácter fuerte de otros personajes femeninos abordados por el autor.

LAS FENICIAS (405 a.C.): La tragedia forma parte del ciclo tebano y se vincula fuertemente con la obra de Esquilo *Siete contra Tebas*. En esta obra, Yocasta aún está viva y es protagonista importante pues trata de evitar que sus hijos Polinice y Eteocles se maten entre sí. Este hecho contrasta con la obra *Edipo Rey* de Sófocles, en la que la madre y esposa de Edipo se suicida.

ORESTES (408 a.C.): Otra vez, el autor toma un tema ya trabajado en otras tragedias escritas por Esquilo y Sófocles, y da una versión singular de la historia de la venganza de Orestes y Electra. Representada en

408 a.C., es una de sus últimas obras. A partir del matricidio, se debate si este hecho es o no es justo, y cada uno de los involucrados plantea su posición al respecto.

IFIGENIA EN AULIS (405 a.C.): Tras la declaración de guerra a Ilión en el puerto de Áulide, la flota no puede partir a causa de la escasez de vientos favorables. Agamenón consulta al adivino Calcas, quien le señala que la ira de la diosa Artemisa ha dejado varada la flota aquea debido a que Agamenón mató a una cierva sagrada sin consagrarla a la diosa. La solución al problema exigía el sacrificio de su hija Ifigenia. La joven prefiere resignarse a morir porque entiende que su muerte es necesaria para que los helenos puedan partir a la guerra de Ilión, y pide a su madre que no guarde rencor a su padre. En el momento final del sacrificio, la joven es raptada por Artemisa y transformada en sacerdotisa de su templo.

BAQUIDES (407 a.C.): En esta obra, también conocida como *Las Bacantes*, Dioniso asume forma humana y se presenta en Tebas con motivo de la decisión del rey Penteo de prohibir la difusión de su culto. Al llegar, enloquece a las mujeres que han pretendido dañarlo, y la madre del rey y sus hermanas, en pleno estado de frenesí y furia, asesinan al rey, y sólo vuelven en sí por intervención de Cadmo, que lamenta el fin de la estirpe.

RESO (s.f.): En esta obra se relata la llegada de Reso, rey de Tracia, a Ilión para brindar su apoyo a Héctor en la guerra contra los griegos. Una vez más, interviene Odiseo y sus ingeniosos trucos para engañar a sus enemigos y asesinar al soberano tracio.

———— ◆ ————

Acerca de la *Función Mensajero* en la tragedia griega

¿Por qué llamar *Función Mensajero*, y no *Papel del Mensajero*, a este apartado? El término *función* se muestra más preciso si se toma en cuenta que el que habla es un testigo, y no siempre aparece nominado como Mensajero. En ocasiones, esa función la asume un personaje principal o secundario, otras veces un heraldo, un pastor o hasta un dios. Así, por ejemplo, en *Reso* (Eurípides) el Mensajero es un pastor; en *Suplicantes* (Esquilo), el propio Dánao; Ismene en *Edipo en Colono* (Sófocles); Odiseo en *El cíclope* (Eurípides). Es decir, más allá de quién encarne esta figura, alguien debe hacer de testigo, alguien debe estar allí, en ese otro escenario invisible para los demás, para luego, transmitir el mensaje de lo sucedido. Él (*Ex-Angelus*) **es**, en ese momento, el mensaje, hasta que puede anunciarlo a quienes, ansiosos o desesperados, lo esperan.

Lo primordial pasa por haber sido *testigo* presencial de los hechos y, también, porque a partir de ese testimonio, toda la obra cobra una nueva y más profunda dimensión dramática[10].

Buena parte de la autoridad adjudicada al Mensajero está fundada, entonces, en su posicionamiento como testigo presencial y porque lo que viene a decir es decisivo para el desarrollo posterior de la trama trágica. Sólo en dos de las treinta y tres obras recuperadas no aparece Mensajero alguno, y ellas son *Las Euménides* de Esquilo y *Troyanas* de Eurípides.

Se supone que tal función, típica en la mayoría de las tragedias, se ejercía narrando lo que sucedía en el interior de un templo o un palacio, de un campamento o del campo de batalla. En la tragedia *Los Persas* (Esquilo), el Coro, expectante, espera noticias acerca de lo ocurrido en la batalla, y su canto trasunta una profunda preocupación al respecto:

> ¡Y no hay mensajero ni ningún jinete que llegue a esta ciudad de los persas! (p. 13).

Esta cita da cuenta de la importancia que tiene el Mensajero en tanto enlace entre lo que ocurre con los guerreros en el campo de batalla y aquellos que quedan en las ciudades persas de Susa o Ecbatana, donde esperan ansiosos la llegada del anuncio para saber si el ejército de Jerjes ha perecido o triunfado en la contienda.

Por su parte, en *Los siete contra Tebas* (Esquilo), Eteocles, hijo de Edipo y rey de Tebas, afirma:

> Yo, mientras, me voy a poner en las salidas de las siete puertas a seis hombres –yo seré el séptimo– que remaremos contra el enemigo †con mucho valor†, antes de que lleguen, apremiantes y rápidos, los informes de mensajeros que nos inflamen con su urgencia. (p. 75).

En esta expresión, la acción no resulta a consecuencia del mensaje transmitido, sino que la decisión debe anticiparse a su llegada, por lo

---

10 A partir del anuncio hecho por el mensajero, toda la historia se resignifica. *Après coup* es la expresión en francés de un concepto introducido por Freud S. como *Nachträglichkeit*, proceso que establece una relación harto compleja entre un suceso importante que hace tiempo ha ocurrido y su resignificación retrospectiva, por lo que el suceso adquiere una nueva significación.

que el rey cubre con gloriosos guerreros cada una de las siete puertas de la ciudad. Páginas más adelante, el Mensajero expresa:

> *Puedo decir, porque lo sé bien*, lo que ocurre en campo enemigo y cómo en las puertas cada uno obtuvo su suerte. (p. 78).

En esta cita, el Mensajero se reconoce en tanto testigo que por haber estado allí es portador de una información veraz sobre lo que pasó. Se sabe, además, dotado de credibilidad ya que, en la mayoría de los casos, sus relatos son considerados verídicos. Interesante conjunción de dos acepciones del concepto de Verdad: *por criterio de autoridad*, por quién lo dice, aunque en este caso se trata de un reconocimiento adjudicado a quien cumple la función, y no porque su solo nombre lo garantice, como en el caso de Aristóteles, por ejemplo; y por criterio de *verdad por correspondencia* entre lo observado y lo enunciado.

Las escenas luctuosas no se muestran en el momento exacto en que ocurren, sino que son relatadas por el Mensajero, hecho que obliga al espectador a investir lo expuesto con cuestiones propias de sus experiencias.

En la misma obra, página 97, el Mensajero calma a las jóvenes con el resultado de la batalla y relata lo que ocurrió en la séptima puerta. Él lleva las noticias, cuenta el combate. Él estuvo allí, presenció todo y acopió la información necesaria para hacer una narración generosa en detalles y comentarios.

En *Las Suplicantes* (Esquilo), cuando Dánao llega con sus cincuenta hijas a la tierra de los pelasgos huyendo de quienes lo perseguían, expresa:

> Tal vez los príncipes de este país, enterados de nuestra llegada *mediante* mensajeros, vienen hacia aquí a vernos. (p. 121).

En este caso, el Mensajero es funcional al poder del rey en tanto es quien informa de todo lo ocurrido en sus dominios. Por su parte, en *Coéforas* (Esquilo), con respecto a la importancia de la *Función Mensajero*, Electra se lamenta:

> ¡Ay! ¡Si tuviera voz dotada de razón como un mensajero! (p. 151).

Claramente en esta cita de Electra, hermana de Orestes, se expone que el Mensajero está dotado de racionalidad. ¿De dónde proviene esa *ratio* si no es de la atribución de verdad adjudicada a la función asignada?

En algunas ocasiones, su función corre algún riesgo, sobremanera cuando es portador de aciagas noticias, y es así que en *Antígona* (Sófocles) es un Mensajero quien llega para anunciar a Creonte que la joven enterró a su hermano Polinice (el litigante, según su nombre lo indica), desobedeciendo sus órdenes:

> Alguien, después de sepultar al muerto, extender sobre su cuerpo un polvo seco y de cumplir con los ritos necesarios, se ha ido. (p. 14).

En la misma obra, más adelante, entra un Mensajero para anunciar el suicidio de Hemón (hijo de Creonte), quien luego de ver muerta a su amada Antígona e intentar atacar a su padre, termina diciendo:

> El desdichado celebró sus ritos de boda en la morada de Hades y demostró a los hombres que la imprudencia es la peor de las desgracias. (p. 44).

Posteriormente anunciará también la muerte de la madre de Hemón, Eurídice, quien culpa de todas las desgracias a su esposo Creonte. La tragedia culmina con el Coro, que expresa:

> La sensatez es, lejos, la primera fuente de felicidad. No se debe cometer impiedad alguna con los dioses. Las palabras altaneras las pagan con grandes desdichas los espíritus soberbios que no aprenden a tener juicio sano sino cuando la vejez llegó a sus vidas. (p. 47).

En *Hipólito* (Eurípides), el Mensajero es el encargado de anunciar la muerte del joven luego de ser desterrado y maldecido por su padre Teseo, quien no confió en su inocencia. Luego del pormenorizado relato, aparece en escena Artemis, quien comunica a Teseo que mató a su hijo injustamente.

En *Andrómaca* (Eurípides), cuando llega un Mensajero que trae malas noticias, dice temerosamente:

> ¡Ay, ay de mí (...) infeliz, que me toca dar una nueva funesta a ti, oh anciano, y a los que aman a mi amo! (p. 190).

En *Las Fenicias* (Eurípides), el Mensajero viene a anunciar que los dos hermanos, Eteocles y Polinice se mataron entre sí, y que Yocasta se suicidó, por lo que, al traer tan funestas noticias, exclama dramáticamente:

> ¡Desdichado de mí! ¿Qué diré? ¿Qué palabras pondré en mis labios? (...) ¡Grandes males traigo conmigo! (p. 539).

En ocasiones, cuando el Mensajero se excede en sus funciones, su "desmesura" le es señalada inmediatamente. Su función es de ser testigo fiel de los hechos y atestiguar aquello que vio y oyó. Sin embargo, en *Suplicantes* (Eurípides), el Mensajero enviado por Creonte a Atenas se presenta ante su rey Teseo y emprende una discusión "política" con éste acerca de la democracia y la dictadura, entre el gobierno del pueblo y el de un solo hombre. Es allí cuando Teseo "marca la cancha" al Mensajero:

> Pero, ¿a qué vienes, di? ¿Qué en esta tierra buscas? Pienso que no te envía tu ciudad a dar esas disertaciones que has proferido: no es tu oficio, por cierto. Al mensajero toca dar su mensaje e irse a toda prisa a la ciudad de donde lo enviaron. ¡Ah si en lo de adelante envía Creón otros mensajeros menos parlanchines! (p. 285).

La *Función Mensajero* permitía mantener la unidad de lugar, transmitir hechos ocurridos en el pasado remoto a las nuevas generaciones, contribuir a la construcción de una épica poblada de nombres ilustres y batallas pretéritas, dar cuenta de la intervención de los dioses en el mundo de los hombres (*hierofanía*) y mantener una tradición literaria de siglos. Pero, por otro lado, el Mensajero es quien habita otra escena, alejada del lugar donde la trama ocurre y es quien pone en palabras la desmesura y "la pasa" a los otros.

Según algunos estudios, con esta función se suplía una debilidad material para escenificar hechos violentos y, además, se contaba con la ventaja de que la narración oral aún conservaba un gran peso como medio expresivo e informativo. Esta versión supone la existencia de limitaciones concernientes a las posibilidades reales de la representación de determinadas escenas que requerían un despliegue más complejo.

En cambio, de acuerdo con otros investigadores existían vetos explícitos a la representación de escenas de violencia delante del público que asistía a las representaciones, y por ello se optaba por que fueran narrados, puestos en palabra como un antídoto frente al horror del crimen y la crueldad. Función de *velamiento* de la representación trágica que, sin dejar de dar cuenta de los hechos acaecidos, lo hace mediante palabras y, de ese modo, evita visibilizar ante el público la desmesura, y le ofrece una vía de simbolización a través del lenguaje.

El estudio exhaustivo de la historia de la tragedia griega en general, y de la *Función Mensajero* en particular, permite pesquisar las huellas que dicha figura ha dejado en la historia del pensamiento, en la filosofía y las demás humanidades y, por supuesto, en el descubrimiento del inconsciente, muchos siglos después.

En tal sentido, es posible pensar que la Función Paterna en el Proceso de constitución del Sujeto algo tiene que ver con la *Función Mensajero*, en tanto es el Padre quien viene a traer, desde otro lugar, el de la cultura, un mensaje que será decisivo para la vida de ese niño, para su salida exogámica a un horizonte abierto, ya no hacia un destino inexorable. Un horizonte en el que tendrán un peso relativo las huellas resultantes de su proceso de constitución en tanto sujeto, como, así también, los acontecimientos –la dimensión de lo inesperado– que posibilitarán recorrer otros caminos que los que su prehistoria le ha marcado.

Y, en cuanto a la Función Materna, es quien brinda al niño las palabras que le permitirán hacer de sus pasiones, sentimientos. Ambos progenitores serán, además, los que evitarán exponer al hijo en primera línea ante lo terrorífico o lo siniestro. La función de *velamiento*, ligada al cuidado del otro y que aparece magistralmente tratada en la película *La vida es bella*, de Roberto Benigni.

◆

Acerca de la *hybris*, las pasiones, Edipo y la palabra

En el *ethos* griego, *diké* (personificación de la justicia en el mundo) e *Hybris* (lo desmesurado) se asocian inseparablemente como el orden divino y su trasgresión respectivamente y, en tal sentido, *hybris*[11] es el acto que se realiza por encima de lo que a uno como ser humano le corresponde. Esta palabra aparece ya mencionada en las gestas homéricas, pero no tiene allí la relevancia que sí adquiere en la tragedia, quizás porque los objetivos de unas y otras eran radicalmente distintos. En las obras de Homero, en las que es el ideal heroico[12] el que se pone en juego, no hay intención de enseñanza moral (por ejemplo, la cólera de Aquiles), cuestión que sí aparece más clara en la obra de los trágicos.

---

11 El río Hibristes, mencionado en varias tragedias, nace en la región del Cáucaso. En muchas tragedias, se aconseja a los viajeros no atravesarlo pues tendía a "salirse de su cauce". Quizás de allí se derive la expresión *hybris*.

12 Sobre el ideal heroico en la obra *Reso* (Eurípides), se reproduce un diálogo entre éste y Héctor: "*Reso. –¿No son la flor y nata de Grecia los guerreros que vinieron contra ti? / Héc. –Mejores no hay. Pero esos son para mí a la medida*" (p. 684).

Lo heroico refiere a lo épico y homérico, resalta los valores de la aristocracia guerrera. Lo trágico, en cambio, adquiere sentido en la reformulación del mito.

Para los griegos, los seres humanos forman parte de un orden (cosmos) distinto al de sus dioses eternos, pues son finitos y perecederos. La *hybris* representa el atrevimiento y la desmesura, la escisión del cosmos y del orden político. Implica ir en contra de la *moira,* que significa parte, lote o destino, y que hace referencia a lo que le ha tocado a cada ser, pero incluyendo las posibilidades de hacer, *per se*[13]. Se trata de un acto que, una vez realizado, condena al héroe trágico a cometer el error (*hamartía*) que lo arroja a su destino anunciado. En este sentido sería posible afirmar entonces que toda la tragedia del siglo V a.C. se sostiene en la *hybris* del héroe.

El contrapunto de la desmesura es la *phrónesis*, esto es, el justo medio de las cosas, el equilibrio en el juicio, la serenidad, la prudencia y la templanza.

Es de allí, de esta tensión entre *hybris y phrónesis*, de donde toma Nietzsche inspiración para definir lo dionisíaco y lo apolíneo, y por eso, en su obra *El nacimiento de la tragedia* (texto escrito entre 1871 y 1872) declara que los griegos del siglo V a.C. representan el verdadero esplendor del pensamiento occidental, puesto que supieron captar las dos dimensiones fundamentales de la realidad, que él identificó con el culto a los dioses Apolo y Dioniso. El primero, dios de la armonía, el orden y el equilibrio, que en el teatro encuentra su expresión en la estructura narrativa de la obra, en la función del coro y el respeto incondicional por los dioses olímpicos. El segundo, en cambio, dios del vino, la música y el caos, representa en el teatro las máscaras que ocultan el rostro del actor, los bailes y los ditirambos. Llega incluso a afirmar que lo dionisíaco sería lo más puro, y considera que el pensamiento posterior se encargó de destruir esa plenitud al dar comienzo a la era de la racionalidad. El filósofo opina que allí comenzó la decadencia de la historia de Occidente.

---

13 La Psiquiatría contemporánea, en su imperialista intento de extender la jurisdicción de lo psiquiátrico a todos los ámbitos de la vida cotidiana, ha intentado forzar este concepto, llegando al punto de describir un supuesto "síndrome de *hybris*" que, en su opinión, debería ser incluido en la clasificación del DSM como una variante de los trastornos paranoides, y que afectaría a los gobernantes ensoberbecidos por el poder. Si de poder se trata, sería muy "desmesurado" que ganara la Psiquiatría, una disciplina conjetural, al posicionarse por encima de sus propios gobernantes y legisladores.

Las obras clásicas no ponen en juego sentimientos, sino pasiones, y muestran los riesgos que se corren cuando éstas se apoderan del accionar de los hombres. Las pasiones (orgullo, celos, ira, temeridad, envidia, amor exacerbado) obnubilan la razón y perturban todo aquello que es tan valorado por los griegos: la amistad, la hospitalidad, la inteligencia, la prudencia en el obrar, la mesura y la racionalidad.

Sobre el valor de la amistad, por ejemplo, en el *Orestes* de Eurípides, el personaje principal recita:

> Bello es aquel proverbio: adquiere amigos, la sangre no es bastante. Un hombre que congenia con nosotros, que por su pensamiento se hace uno, debe venir de fuera. Un amigo vale más que mil consanguíneos. (p. 574).

Sobre no respetar el valor de la hospitalidad, en *Hécuba* (Eurípides), Agamenón amonesta a Poliméstor, quien debía cuidar del hijo menor de Príamo y Hécuba, Polidoro y, en cambio, lo asesina para quedarse con el oro destinado a su crianza:

> Matar a un huésped entre vosotros nada implica. Entre nosotros, griegos, es acto que abochorna. ¿Cómo pudiera yo aprobar tu conducta? ¡Yo mismo me condenara! No puedo hacerlo. *Osaste perpetrar lo que no es justo, sufre hoy lo que no es grato.* (p. 228).

En cuanto al valor asignado a la inteligencia, en *Antígona* (Sófocles) hay una clara exaltación de lo que significa para los hombres cuando Hemón, hijo de Creonte y enamorado de Antígona, expresa:

> Creo, padre, que los dioses, al dar la inteligencia a los hombres, les dieron el bien más excelso de todos. (p. 27).

También, en *Ifigenia en Áulide* (Eurípides) se exaltan las virtudes del hombre prudente a través de la voz del Corifeo, que exclama:

> Formado en la norma augusta de la vida, el prudente sigue la discreción. El pudor es saber y concede favores a quién a él se ajusta. El guía a quien lo sigue y le da la semilla de una gloria que jamás perece. *Nada más bello que seguir la senda del deber.* (p. 611).

En cuanto a los actos desmesurados, podemos encontrar numerosos ejemplos: Jerjes, jefe del ejército persa, comete la *hybris* de la impaciencia, la temeridad y del osado desafío al dios Poseidón, además de su inhabilidad para conducir un ejército muy superior en la batalla de Salamina. A causa de su desmesura, es finalmente derrotado por las fuerzas atenienses.

En *Las Bacantes* (Eurípides), Penteo comete *hybris* al no reconocer la divinidad de Dioniso y prohibir su culto, acto por el cual pagará al ser descuartizado por su propia madre y sus tías. Por su parte, en *Los Persas* (Esquilo), la sombra de Darío, padre de Jerjes, aparece y advierte:

> (...) cuando se es mortal no hay que abrigar pensamientos *más allá de la propia medida*. Cuando la soberbia florece, da como fruto el racimo de la *pérdida del propio dominio* y recolecta cosecha de lágrimas. (p. 46).

En esta cita se ve claramente lo que implica "*ir más allá de la propia medida*", lo que trae como consecuencia la pérdida del autodominio. Por su parte, en la Estrofa 5 de *Las Suplicantes* (Esquilo), el Coro exclama:

> [Zeus] Derriba a los mortales perversos de las altas torres de sus esperanzas (...). (p. 118).

Más adelante en la misma obra, el Corifeo manifiesta:

> Preciso es resguardarse de la dominación de aquel que *preso sea de pasiones*, como si se tratara de un monstruo sanguinario e impío. (p. 145).

En *Prometeo encadenado* (Esquilo), Hefesto, dios del fuego, expresa:

> ¡Esto has sacado de tu inclinación a la humanidad! (...) has dado a los seres humanos honores, traspasando los límites de la justicia. (p. 166).

Prometeo, en franca oposición a los dioses, explica por qué robó el fuego sagrado y lo entregó a los humanos:

> (...) a ellos, que anteriormente no estaban provistos de entendimiento, los transformé en seres dotados de inteligencia y en señores de sus afectos (...) Todo lo hacían sin conocimiento (...). (pp. 180-181).

Éste es el motivo principal de su cruel condena: no su soberbia, sino el haber traspasado el límite que separa la vida de los hombres de la de los dioses, y el posicionarse como un acérrimo defensor de los mortales.

Los dioses, por otra parte, también eran presa de sus pasiones, desde Zeus y Hera hasta todas las divinidades inferiores, y de eso da cuenta también esta tragedia cuando Ío (doncella de Argos y sacerdotisa de la diosa Hera) afirma:

> (...) Zeus ha sido encendido por el dardo de tu deseo y quiere gozar contigo de Cipris. (p. 188).

En el Estásimo I, Estrofa 1 de *Agamenón* (Esquilo), el Coro, refiriéndose a la *hybris*, explica:

> (...) los dioses no se dignan a cuidar a los mortales que pisotean la majestad de aquello que no debe tocarse (...) Se revela †la maldición (...) † de aquellos que se enorgullecen más de lo justo (...) más allá de lo que está bien. (pp. 64-65).

Ya en la Estrofa 2, el Coro explica:

> Ésta [Helena], abandonando a sus conciudadanos (...) llevando la devastación como dote a Ilión, con rapidez atravesó las puertas, *osando realizar lo que no debía osar.* (p. 66).

En *Antígona* (Sófocles), el Corifeo expresa:

> Porque *Zeus odia las jactancias de una lengua altiva*; y cuando vio a los argivos avanzar como impetuoso torrente, gallardos, con el estruendo de sus armas doradas, derribó con su dardo de fuego al hombre que, en lo alto de las almenas, comenzaba a entonar cánticos de triunfo. (p. 11).

En *Áyax* (Sófocles), luego de un largo parlamento, el Mensajero expresa:

> Porque (...) *las figuras desaforadas y arrogantes caen bajo el peso de las desgracias* que les envían los dioses, siempre que destinados a honrar la condición humana *se olvidan de pensar como hombres.* (p. 119).

En la Antistrofa I de *Edipo Rey* (Sófocles), el Coro reflexiona:

> *La soberbia origina al tirano.* La soberbia, colmada en su desvarío por muchas acciones imprudentes y pérfidas luego de haber trepado a la cima más alta y abrupta, precipita al hombre en un abismo de desgracias, de donde intenta salir vanamente. (p. 208).

> Si alguno se comporta con altivez en hechos o palabras, si no teme a la justicia ni respeta a las sedes de los dioses, ojalá perezca de mal destino en castigo de su funesta insolencia. (p. 209).

En *Medea* (Eurípides), la Nodriza anuncia la traición de Jasón a Medea y, temerosa respecto de ésta última, exclama:

> ¿Qué va a hacer? ¡Yo lo temo: algo nuevo proyecta! La conozco. *En su ira es arrebatada*; no se arredra ante mal ninguno, si lo padece. La conozco y me estremezco. (pp. 67-68).

En estas citas es posible ver, una vez más y de un modo muy claro, la tensión permanente entre *hybris y phrónesis,* entre lo justo y medido (*diké)* y lo desmesurado: soberbia, orgullo, ira, jactancia, altivez son los términos más frecuentes y que dan cuenta de pasiones que, tarde o temprano, hacen que deban rendir cuentas quienes las padecen.

Y es en este punto en que es posible producir otra articulación con el proceso de constitución del sujeto, en tanto el niño, en su más temprana edad, es presa de pasiones que lo atraviesan, ligadas a la incertidumbre acerca del regreso de la madre que acaricia, amamanta e higieniza: los celos, la ira inundan su aparato psíquico aún en ciernes. Y será su madre quien lo dotará de palabras, que hará de él un sujeto de lenguaje al permitirle nombrar aquello que lo perturba y diferenciar cada uno de esos estados. A partir de allí, podrá lidiar con sentimientos, no ya con pasiones, y tendrá más clara la diferencia entre unos y otras.

Es parte esencial de la función materna hacer de ese niño un sujeto de lenguaje y dotarlo de la palabra, y una palabra que sólo será plena en la exacta medida en que hay alguien que cree en ella (como la confianza en la fidelidad de lo relatado por el Mensajero) y se instituye como tal en la estructura del mundo semántico, aunque nunca tiene un único sentido, ni el vocablo un único empleo.

El sujeto es tomado por el lenguaje y, antes de ser sujeto, está sujetado por la palabra en un complejo proceso de constitución en el que entran en juego su prehistoria, la historia de sus padres, las funciones materna y paterna, su posición social, el paso por las instituciones y hasta las condiciones de época, en la medida que interpelan los procesos de subjetivación en los nuevos escenarios de la Modernidad Líquida (Bauman).

Sobre la importancia de la razón como guía de la palabra, en la Antistrofa 8 de *Las Coéforas* (Esquilo), el Coro señala:

> [Escríbelo], a través de tus oídos *haz pasar el discurso* por el tranquilo camino del pensamiento. (p. 164).

En *Prometeo encadenado* (Esquilo), Océano dice:

> ¿No sabes, Prometeo, que para un temple enfermo los únicos médicos son las palabras? (p. 178).

Y Prometeo responde:

> Eso es así, si en el momento oportuno alguien procura apaciguar su corazón, en lugar de intentar desinflarlo cuando está hinchado por la pasión. (p. 178).

En *Suplicantes* (Eurípides) se produce un diálogo entre los dos Semicoros:

> 2.– ¿Dará el triunfo la lanza, o concierto de palabras?
> 1.– ¡Gran ganancia será! (p. 288).

En *Orestes* (Eurípides), el Mensajero trae noticias de la Asamblea reunida para decidir el castigo que iba a caer sobre el matricida:

> Hay que saber que una palabra dulzarrona unida a un espíritu sin juicio, sí logra persuadir a una multitud, es de sumo peligro en las ciudades. Pero aquellos que siempre dan sensatos consejos llegan al fin a ser para ellas provechosos. Esto debe tener a la vista quien la ciudad gobierna: *la palabra tiene en el orador la misma norma que la medicina para el médico.* (p. 576).

La relevancia dada a la palabra en Psicoanálisis es mayúscula, aunque justo es decir que ya en la Antigüedad es posible pesquisar su importancia radical para la cura de las enfermedades de etiología *natural* o *traumática*. La explicación *punitiva* (por castigo de los dioses) requería otro tipo de estrategias terapéuticas para eliminar o neutralizar la acción que desató la ira divina. Ejemplo de ello es cuando Edipo acude a Delfos a preguntar al oráculo el porqué de la peste que azotaba a Tebas, y la respuesta que obtiene es que las muertes seguirían hasta que se descubriera al asesino de Layo. En la Edad Media, a estas tres formas de explicar la etiología de las enfermedades (por eventos naturales, por traumas y por castigo de los dioses) se sumará la explicación por *posesión*, que ya de algún modo está presente en la obra *Las Bacantes* de Eurípides, en la que la madre y parientes mujeres del rey son poseídas por el dios Dioniso. En todo caso, la diferencia radicaría en que la explicación por posesión se enmarca más en la *weltanschauung* propia del cristianismo.

En su obra *La curación por la palabra en la época clásica*, el autor Pedro Laín Entralgo (1958) se pregunta a lo largo de todo el texto sobre la posible eficacia psicológica y curativa de la palabra, y da el ejemplo del Canto XII de la *Eneida* de Virgilio, obra en la que, frente a la enfermedad de Eneas (Hijo de Príamo, y hermano de Héctor y Paris), gravemente herido, su hijo, apelando a Apolo, dice:

> (…) prefirió conocer las virtudes de las hierbas y los usos del curar, y ejercitar sin gloria las artes mudas. (p. 11).

La Medicina era considerada por entonces como una *muta ars* (arte muda), un arte sin palabras, pero no fue así toda la Medicina de la Antigüedad Clásica, y de eso intenta dar cuenta la obra de Laín Entralgo. El autor aclara que las palabras de que consta el ensalmo (*epode*) no estaban dirigidas directamente al enfermo, sino a las potencias que rigen los movimientos de la naturaleza.

Otros pueblos, como los semíticos (asirios y babilonios especialmente), daban también una importancia extrema a la palabra y creían no sólo que servía para curar enfermedades, sino que, además, otorgaba fuerza mágica a aquel que sabía el verdadero nombre de las cosas y de los demonios que las perturban, y que, pronunciando el nombre verdadero de una cosa, uno se adueñaba de ella. Para algunos de estos pueblos antiguos, la palabra es *poiesis*, creación, en tanto Dios creó al mundo diciendo el nombre de las cosas: primero las nombró cuando dijo "*hágase la luz*", luego se hizo (idea muy cercana al concepto de performación en ciencias sociales).

Desde su origen mismo, la cultura griega es una cultura del *logos*, del habla, y la utilización de la palabra para la curación del enfermo revistió en el mundo homérico cuatro formas netamente distintas entre sí: el uso de ciertas hierbas, el ensalmo o conjuro, la plegaria y el decir placentero, bello y sugestivo.

En la página 161 de *Coéforas*, Esquilo afirma que una palabra puede tener la fuerza de una flecha pues puede penetrar hasta lo más profundo del alma de quien la oye y producir una transformación.

Gorgias de Leontinos (485 a.C.-380 a.C.), sofista escéptico y ex discípulo de Empédocles, propone una interesante comparación entre la poderosa acción de la palabra y la acción de los medicamentos:

> (...) es un poderoso soberano, porque con un cuerpo pequeñísimo y del todo invisible ejecuta las obras más divinas. Tiene el poder de quitar el miedo, remover el dolor, infundir la alegría y aumentar la compasión. (Como se cita en Laín Entralgo, 1958, p. 136).

En uno de los diálogos de Platón, el *Cármides, o de la templanza*, es posible hallar otras importantes consideraciones acerca de la importancia de las palabras. Las que se dicen, las que no se dicen, las bien dichas y las mal dichas, la palabra que cura y la que mata (como los medicamentos), lo que el sujeto hace con ellas y lo que ellas hacen con los sujetos y con lo que estos dicen.

Relata Platón que, habiendo llegado Sócrates a la palestra de Taureas, Glaucón, padre de Cármides, le consultó porque el joven desde hacía un tiempo sentía la cabeza muy pesada al levantarse. Ante la pregunta acerca de con qué remedios cuenta, Sócrates responde:

> (...) le respondí que mi remedio consistía en cierta yerba, pero que era preciso añadir ciertas palabras mágicas; que pronunciando las palabras y tomando el remedio al mismo tiempo, se recobraba enteramente la salud, pero que, por el contrario, las yerbas sin las palabras no tenían ningún efecto. (Platón, 1989, p. 79).

Párrafos más adelante, agrega:

> Querido mío, se trata el alma valiéndose de ciertas palabras mágicas, y estas palabras mágicas son los bellos discursos (...) porque hoy es un error de la mayor parte de los hombres el creer que se puede ser médico de una parte (el cuerpo) sin serlo de la otra (el alma). (Platón, 1989, pp. 79-80).

Laín Entralgo y Platón vienen a mostrar cuestiones que al día de hoy tienen plena vigencia, y las tragedias griegas (también, quizás, los mitos y la filosofía) en tal sentido, han dejado profundas huellas en la constitución de la teoría psicoanalítica. Apelar a los relatos míticos, la tragedia y la literatura está en el espíritu mismo de la obra freudiana y en más de una ocasión el propio Freud afirmó –como, por ejemplo, en las *Nuevas lecciones introductorias al Psicoanálisis*– que los psicoanalistas tienen más que aprender de los poetas, dramaturgos y escritores que ellos de los que practican el Psicoanálisis.

Sin embargo, en la formación de los futuros licenciados en Psicología en muchas universidades estatales y privadas, las grandes obras de la literatura universal, que dan cuenta como nadie de la condición humana y del sufrimiento psíquico, no están consideradas como parte importante de la formación, como así tampoco lo está la Filosofía, que es algo así como la prehistoria de la disciplina, ni la Historia, que da cuenta de que no existe una categoría de hombre universal que esté exenta de las marcas de época.

El complejo de Edipo será otro de los pilares de su teoría, y la primera referencia a éste se encuentra en la carta 71 de la correspondencia con Fliess, fechada el quince de octubre de 1897; es en esa carta que analiza sus propias vivencias infantiles a la luz de la obra *Edipo Rey* (Sófocles)[14], y pone en teoría lo que Sófocles anuncia en la tragedia.

> Un solo pensamiento de validez universal me ha sido dado. También en mí he hallado el enamoramiento de la madre y los celos hacia el padre, y ahora lo considero un suceso universal de la niñez temprana. (Freud, 1897, p. 307).

> La saga griega captura una repulsión que cada quien reconoce porque ha registrado en su interior la existencia de ella. Cada uno de los oyentes fue una vez y en germen un Edipo (...)
> El mito edípico construye la trama de la subjetividad. (Freud, 1897, p. 307).

La trágica existencia de Edipo constituye para Freud el sueño universal de todo sujeto. En el libro *La interpretación de los sueños*, publicado en 1900, Freud retoma esta tragedia y se pregunta por qué la leyenda de Edipo y la saga de los Labdácidas sigue conmoviendo tan profundamente, más de veinte siglos después:

> Su destino nos conmueve únicamente porque podría haber sido el nuestro, porque antes de que naciéramos el oráculo formuló sobre nosotros esa misma maldición. Quizás a todos nos estuvo deparado dirigir la primera moción sexual hacia la madre y el primer odio y deseo violento hacia el padre;

---

14 Freud no hace un análisis psicoanalítico de la obra *Edipo Rey*, pues no está interesado en realizar un trabajo de desciframiento, ni el de hacer un psicoanálisis aplicado a un dominio exterior como es, en este caso, un mito y una obra teatral; en realidad, es a la inversa, es decir, el propio texto de la tragedia es el que se inserta en su pensamiento y en su obra.

nuestros sueños nos convencen de ello. El rey Edipo, que dio muerte a su padre Layo y desposó a su madre Yocasta, no es sino el cumplimiento de deseo de nuestra infancia. Pero más afortunados que él, y siempre que no nos hayamos vueltos psiconeuróticos, hemos logrado después desasir de nuestra madre nuestras pulsiones sexuales y olvidar los celos que sentimos por nuestro padre. (1900, p. 271).

Edipo es actor secundario de un libreto ya escrito mucho antes que viniera al mundo (prehistoria del sujeto), que comenzó con las bodas de Cadmo y Harmonía al mezclarse la sangre de los dioses inmortales con la de los mortales; siguió con las desmesuras de Layo, que arrojaron al suicidio al joven Crisipo y que desataron la maldición –*"hasta la desaparición total de la estirpe de los Labdácidas"*–; y la desobediencia al oráculo por parte de Yocasta, que emborracha a Layo buscando engendrar ese hijo que, de nacer, mataría a su padre y se acostaría con su madre y tendría hijos con ella, que serían, a su vez, sus hermanos. Es, entonces, Edipo aquel que actúa sin saber, a diferencia de ese otro enorme personaje de la historia del teatro que es Hamlet, que representa al que sí sabe, pero que se muestra dubitativo en extremo y demora su acción de venganza.

El Complejo de Edipo es la forma con la que cada cultura ejerce la prohibición de la apropiación del cuerpo del niño como lugar de goce del adulto, y es una relación fundante en el proceso de constitución del sujeto que procura insertarse en un universo simbólico, en un linaje y en una estructura legal que lo preexiste. Supone un sistema de parentesco que define el lugar del sujeto en una filiación simbólica que incluye, pero rebasa a la biológica.

Sujeto sujetado a una ley cultural, pero que parece tener la fuerza de lo natural y que no hace falta que alguien la haga explícita para saberla. Ley universal que prohíbe, pero que también habilita. Prohíbe el intercambio sexual con los miembros de la familia, prohíbe el incesto y la endogamia, pero que, al mismo tiempo, habilita al intercambio con el miembro de otra familia, a la exogamia. Prohibición y habilitación sellan, a partir de allí, *un pacto fundante y trae severas* consecuencias dejar de lado a una de ellas.

Prohibir, sin habilitar a nada, lleva con frecuencia al autoritarismo, propio del "padre amo" de la antigüedad, en tanto que habilitar sin prohibir, propio de los tiempos actuales, lleva al desamparo. Padres claudicantes y juvenilizados proliferan en los nuevos escenarios, padres que nada prohíben y que no sólo habilitan todo, sino que libran una lucha denodada contra el tiempo en pos de mantener las ventajas del hoy con el cuerpo de ayer.

◆

Consideraciones finales

El paso de la tiranía a la democracia significó un momento de profundos cambios sociales, políticos, culturales y religiosos. A partir de entonces, la influencia del pensamiento mítico decrece en beneficio de un saber racional, y la palabra es usada como herramienta de debate y de cura, tanto en el ágora como en la palestra, y la filosofía, el teatro y la política se convierten en ejercicios plenos de lenguaje. El *logos* se desprende del mito, y es en el seno de esta verdadera revolución cultural que se inserta la tragedia, que resignifica el mito[15]. En cada una de ellas se entrecruzan el plano de lo humano y lo divino, y es en ese cruce donde se va a insertar el drama trágico.

La prehistoria de cada uno de los personajes trágicos, la importancia decisiva atribuida a los sueños[16], la *Función Mensajero*, la pasión desmesurada que obnubila la razón, la función pedagógica y moral de la representación teatral, la función de la palabra, la transformación de las pasiones en sentimientos, el drama edípico, la tensión entre la propia responsabilidad y el destino, el efecto catártico que producía en los espectadores la representación de las obras trágicas y la comedia final[17] son, entre otras, huellas (en el discurso etnográfico) o inscrip-

---

15 Nietzsche, en *El nacimiento de la tragedia*, la enmarca en el contexto mayor de la cultura trágica en oposición con la cultura moderna. La dinámica misma del mito viviente de la cultura trágica se personifica en la figura de Dioniso, que manifiesta que la sensibilidad de gozar es la misma que la de sufrir, y no puede anestesiarse una sin amputar la otra.

16 Los templos a los que acudían los peregrinos para ser purificados ofrecían un tratamiento que anticipaba al Psicoanálisis: el sacerdote llevaba el bastón de Asclepio y se dedicaba a interpretar los sueños de los supuestos enfermos, en la creencia de que eran reveladores o daban cuenta de mensajes emitidos por los dioses.

17 Asistir al teatro es un hecho público y social, aunque la experiencia subjetiva es siempre singular, y escuchar los parlamentos de los personajes y del coro, así como las peripecias del personaje principal, traía aparejado, para muchos de los espectadores, poder acceder a un cierto sentimiento de liberación, y a ese efecto los atenienses del siglo V denominaban *khátharsis*, que significa purificación o purga-

ciones (en el enfoque institucional) que incidieron decisivamente en la construcción de la teoría psicoanalítica y en el propio descubrimiento del inconsciente.

En cuanto a la pre-historia, en el caso de la tragedia *Hipólito* (Eurípides), Fedra[18] afirma:

> Semejante al esclavo es el hombre libre, por osado que sea, cuando tiene la triste memoria de las faltas de su padre o de su madre. (p. 141).

En la Antistrofa 2 de *Los siete contra Tebas* (Esquilo), el Coro afirma:

> Sí. Quiero decir que la transgresión antaño nacida, castigada rápidamente, permanece no obstante hasta la tercera generación, cuando Layo violentó la orden de Apolo, aunque éste le dijo tres veces en el pítico oráculo del ombligo del mundo que salvara nuestra ciudad muriendo sin descendencia. (p. 95).

En la Antistrofa 4 de la obra *Agamenón* (Esquilo), el Coro se pregunta:

> ¿Quién podrá alguna vez echar fuera de la casa la semilla de la maldición? La estirpe está condenada a la ruina. (p. 128).

El proceso de constitución de un sujeto comienza mucho antes que éste venga al mundo. Hay toda una historia que lo precede, significantes que se repiten de generación en generación y que marcan un modo particular de hacer y decir, y en la vida de cada uno es posible y necesario poder dar cuenta de esas inscripciones, reconocerlas y dotarlas de sentido, recuperar aquellas que indican pertenencia a un determinado linaje y dejar a un costado las que son tributarias de la pulsión de muerte. Resignificarlas impide, además, la repetición compulsiva y ciega de lo mismo, esto es, quedar preso de un destino inexorable.

El analista se topa con lo trágico en la clínica, allí donde se pone de manifiesto el drama que afronta un cierto sujeto cuando la deuda de goce en las generaciones precedentes no fue pagada y pareciera que

---

ción, un modo de que el que asistía a la representación pueda sacar sus problemas, analizarlos desde otra perspectiva y simbolizar sus angustias y temores a través de la palabra. Freud, quien fuera un lector apasionado de las tragedias, saca provecho de esto cuando adopta el método catártico para el tratamiento de sus pacientes histéricas.

18 Fedra es hija de Minos (rey de Creta), esposa de Teseo y madrastra de Hipólito.

recae sobre él el destino de saldar una deuda que no contrajo, pero que lo atraviesa por el solo hecho de venir a la existencia.

En cuanto a la importancia otorgada a los sueños, los personajes de las tragedias clásicas, como muchos analizantes, creen en la verdad que estos enigmáticamente transmiten. En *Edipo rey* (Sófocles), en un parlamento de Yocasta, la relación con el Psicoanálisis es directa cuando ella se dirige a quien es su marido e hijo al mismo tiempo:

> No te asustes por el ayuntamiento con tu madre, *porque, en sus sueños, muchos hombres han soñado compartir el lecho materno.* Pero el que no hace caso de esas cosas soporta más fácilmente la vida. (p. 212).

Freud no admitiría que lo mejor es no hacer caso de esas cosas, porque un sueño no es solamente un sueño, por el contrario, porta un contenido que se entrama con la vida del sujeto, especialmente si hay otro que está dispuesto a escuchar o leer lo que ahí se dice e inscribe. Esos sueños, las palabras que se enuncian, las imágenes que recrean, hay que tomárselos en serio porque tienen consecuencias, y porque en ellos se cifran sentidos pasibles de ser interpretados en función de la historia singular de ese sujeto.

En Psicoanálisis nunca se puede desestimar la palabra del sujeto por mínima que parezca, su deseo –más allá de los mandatos de su prehistoria–, sus identificaciones y, también, todo aquello que hace a la distinción, a las mínimas diferencias, a la dimensión del acontecimiento, al "otra cosa es posible". Los sueños ya no tienen en el marco de esta teoría ese valor profético, de anuncio de un sino trágico, justamente porque, por la vía de la escucha analítica, serán vía regia que permitirá acceder al deseo inconsciente.

Más allá de estas diferencias respecto al contenido de los sueños y las claves para descifrar su sentido, es palpable la fuerte vinculación que existe entre el teatro y el Psicoanálisis, en el que el analista se pone en contacto con la tragedia singular de cada analizante, con su prehistoria y con su historia, con los mandatos que lo atraviesan y los acontecimientos que lo arrojan por nuevos rumbos. Los significantes cristalizados que trae desde su prehistoria como sujeto, como una cuestión de destino, como fatalidad inevitable, serán problematizados y cuestionados al dar cuenta de que son libretos que le preexisten pero que, también, fundamentalmente, juegan sus propias decisiones en aquello que padece, que tiende a repetir, y no puede dejar atrás.

Así como es importante emprender un estudio sobre las fuertes vinculaciones entre el teatro griego y el surgimiento de la teoría psicoanalítica, vinculando el presente con el pasado remoto, es importante también dar cuenta de cómo las nuevas condiciones de época interpelan teorías, instituciones, prácticas y los propios procesos de subjetivación de niños y adolescentes. En ese sentido, es necesario considerar que, en los nuevos escenarios contemporáneos, la fuente de autoridad no está garantizada por el solo hecho de ser adultos. Ello obliga a repensar qué se entiende por autoridad y su diferencia con los conceptos de poder y dominio.

"Autor-idad" remite a autoría y autorización, es algo que le es conferido a un cierto sujeto. Parafraseando a Maquiavelo, tener autoridad implica no tener que usar el poder, porque cuando un determinado sujeto se vale del poder conferido por ocupar una posición jerárquica, esto da cuenta de que ha perdido autoridad. Se puede tener poder y no tener autoridad, y se puede, desde una posición subordinada, tener autoridad, aunque no se tenga poder. Es el caso de Tiresias, un célebre adivino ciego de la ciudad de Tebas.

En el complejo mundo actual, los seres humanos habitan la tierra; no hay más Olimpo que cobije a un grupo de dioses, el infierno no mete miedo a nadie y, como dice un personaje de Beckett, en el horizonte anti-trágico, desacralizado y secular no hay más naturaleza, no hay dioses, sólo sujetos. Occidente está en las antípodas de la cultura trágica antigua, en la que el referente principal es el cosmos, el orden en el mundo, opuesto al caos, en tanto que ahora el referente principal es el sujeto, y no el cosmos. Se trata de un mundo laico, en el que el concepto de fe ha sido desplazado por el de razón, los mitos y religiones por la investigación científica, el de milagro por el de ley. Hoy lo que ocurre en las alturas encuentra explicación en la Física (Astrofísica, Astronomía), al revés de lo que otrora ocurría cuando todo era adjudicado a la intervención de los dioses. Razón secularizada pero que, al mismo tiempo, acarrea como resultado, un mundo desencantado, tal cual lo definía Max Weber. Un mundo sin dioses, ninfas, sirenas, monstruos, titanes o faunos.

En épocas de declinación de la función paterna en el espacio familiar, y de la función adulto en lo social, se hace necesario repensar y recrear las claves para poder descifrar los modos de expresión del material inconsciente y los profundos cambios en los procesos de constitución de los sujetos infantiles y adolescentes. Si se persiste en conservar a rajatabla las claves otrora construidas, estos nuevos sujetos serán leídos en clave psiquiátrica o psicopatológica.

No obstante, mirar hacia atrás, hacia estas obras escritas hace ya más de veinticuatro siglos, obliga a pensar el porqué de su increíble vigencia, a pesar de los enormes cambios acaecidos, y a intentar explicar la conmoción que implica asistir a su representación. Una de las claves la da Vernant cuando expresa que la tragedia inventó al hombre desgarrado que se interroga sobre sus actos, al tiempo que le advierte respecto a lo inusitado de su ilusión de creer que es dueño absoluto de ellos. Se trata de un sujeto sujetado, fuertemente condicionado por su prehistoria, por el inconsciente, pero, al decir de la *moira*, condicionado, mas no determinado. La cultura griega es, además, una de las primeras en expresar en sus mitos y sistemas de creencias el sentido de lo trágico en la existencia humana, en tanto en la vida de todo sujeto la muerte acecha y a todos llega.

Las tragedias de los clásicos griegos son grandes relatos que plantean problemáticas inherentes a la vida del hombre que superan los tiempos y las distintas eras; siempre esconden algo más y siempre hay algo de ellos que se descubre en cada relectura. Porque la tragedia griega es eso, una usina inagotable de sentidos, un potencial dramático que nunca pierde vigencia, y es por eso que nunca falta en los circuitos teatrales una puesta que retome una obra clásica. Es que son, a un tiempo, universales y actuales. En Edipo Rey, el Coro exclama:

> ¡Ay raza de mortales! Nada en vosotros veo sino una nada que vive en un instante. (Sófocles, *Edipo rey*, p. 220).

Bibliografía

Boullosa, Nicolás (2015). *Esquilo, Sófocles, Eurípides y un momento decisivo: Salamina*. Recuperado de [https://faircompanies.com/articles/esquilo-sofocles-euripides-y-un-momento-decisivo-salamina/].

Campos Daroca, Francisco Javier (2014). Mensajeros y escenas de anuncio. Esbozo de análisis dramático de una singularidad trágica. En de Martino, F. y Morenilla, C. (Eds.), *A la sombra de los héroes. Teatro y sociedad en la Antigüedad Clásica*, pp. 69-102. Bari, Italia: Levante.

De Santis, Guillermo (2014). *Esquilo. Orestía*. Buenos Aires, Argentina: Losada.

Eurípides (1963). *Las diecinueve tragedias*. Ciudad de México, México: Porrúa.

Fornieles Sánchez, Raquel (2018). Sobre el Mensajero clásico. Propuesta de clasificación. En *Euphrosyne. Revista de Filología Clássica* (46), pp. 27-44. Lisboa, Portugal: Centro de Estudios Clásicos Facultad de Letras de Lisboa.

Freud, Sigmund (1973). *Obras completas*. Madrid, Biblioteca Nueva.

Freud, Sigmund. Carta 71 (Bellevue, 16.08.1897). En *Cartas a Wilhelm Fliess (1887-1904)*.

Freud, Sigmund. Sueño de la muerte de personas queridas. (1899) En *Interpretación de los sueños, Tomo I*.

Freud, Sigmund. El sepultamiento del Complejo de Edipo (1924). En *Obras completas de Sigmund Freud*.

Freud, Sigmund. Duelo y Melancolía (1917). En *Obras completas de Sigmund Freud*.

Grimal, Pierre (1989). *Diccionario de la mitología griega y romana*. Barcelona, España: Paidós.

Hauser, Arnold (2004). *Historia social de la literatura y el arte*. Madrid, España: Labor.

Kirk, Geoffrey Stephen (1992). *La naturaleza de los mitos griegos*. Barcelona, España: Labor.

Lain Entralgo, Pedro (1958). *La curación por la palabra en la Antigüedad Clásica*. Madrid, España: Revista de Occidente.

Nietzsche, Friedrich (2007). *El nacimiento de la tragedia*. Madrid, España: Biblioteca Nueva.

Perea Morales, Bernardo (1996). *Esquilo. La Orestíada*. Buenos Aires, Argentina: Planeta DeAgostini.

Platón (1989). *Diálogos*. Ciudad de México, México: Porrúa.

Romero, Francisco (2005). *Culturicidio. Historia de la Educación Argentina (1966-2004)*. Buenos Aires, Argentina: Librería de la Paz.

Sófocles (2006). *Tragedias*. Buenos Aires, Argentina: Gradifco SRL.

Vernant, Jean-Pierre (2001). *Mito y pensamiento en la Grecia antigua*. Barcelona, España: Ariel.

Zaffaroni, Eugenio; Alagia, Alejandro y Slokar, Alejandro (2000). *Derecho Penal. Parte General*. Buenos Aires, Argentina: Ediar.

Fig. 2: American Psychiatric Association Building. East facade from Franklin Square. Por Iorwester. Recuperado de: [http://www.emporis.com].

Fig. 3: APA Headquarters. Recuperado de: [https://www.psychiatry.org/].

CAPÍTULO II

◆

La sociedad terapéutica y los procesos de Medicalización de la vida en la era del Realismo Capitalista

Consideraciones preliminares

La vida de los hombres y mujeres que habitan los mundos de la contemporaneidad pareciera estar muy lejos de la de aquellos otros que vivían en un mundo encantado y trágico, aunque también mágico, con prodigios, ninfas y centauros, con dioses olímpicos inalcanzables que se entrometían permanentemente en la vida de los héroes y los notables de la aristocracia ateniense. En el mundo laico y desencantado del *"realismo capitalista"* (M. Fisher, 2009) ya no hay oráculos donde consultar la causa de las enfermedades –entendidas como castigo de los dioses–, el resultado de las batallas a librar o los desafíos a enfrentar. Hoy se consultan horóscopos, gurúes, tele-pastores, videntes o psíquicos, o se apela, en el *súmmum* del individualismo, al "sálvese Usted solo" de los libros de auto-ayuda *"de comienzo trágico, final feliz y moraleja estúpida"* (Abraham, 2000), los que, como expresa Alejandro Dolina en sus incomparables análisis, no debieran ser leídos por nadie excepto por aquel que los escribió, y ello justamente porque son de ayuda para el propio autor, no para los demás.

Pesquisa frenética por saber qué pasará con cada uno, en un mañana que se avizora plagado de incertidumbres. Un mundo donde pareciera que el sujeto apolíneo del que hablaba Nietzsche ha sucumbido ante las pasiones sin freno, ante la exaltación de lo dionisíaco.

Tiempos sin tragedia, al decir de un entrañable amigo, el Dr. Raúl Teyssedou, destacado psicoanalista cordobés:

> (...) me pregunto si acaso no vivimos en un tiempo sin tragedia. A pesar de que regularmente los periodistas, frente a esos hechos, hablan muy sueltamente de "tragedia". Es decir, si en

muchos casos (infanticidios, femicidios, gatillo fácil, etc.) de lo que se trata es de pasajes al acto y no de *acting-in* (interpretables, simbólicos). En tales casos, no sólo desaparece el sujeto del deseo sino también el de la consciencia y, por ende, representan el fracaso de la tragedia o del freno moral de lo apolíneo liberando las fuerzas de las pasiones o de lo dionisíaco. (Junio de 2019).

Tiempos no trágicos. Tiempos de comedia o de parodia, de juventud eterna, de moratoria social y vital que procura extenderse por varias décadas más de lo que la cronología marca. Tiempos en los que se fantasea con derrotar a Cronos, tiempos de acumulación, tiempo des-anudado, anclado en un presente que se desprendió del pasado, pero que también se desenganchó del futuro y no permite avizorar un porvenir posible.

Fin de los rituales que vinculaban el presente con la historia, y fin de los grandes relatos que vinculaban el presente con el futuro. Presente suelto en el que priman los instantes que reemplazan a instantes, sin continuidad ni duración.

Instantaneidad de un tiempo que se torna hiperkinético, desatento y fóbico, en tanto mantiene al otro a distancia, apresado entre las mallas de las redes "sociales".

Perplejidad de las instituciones, perplejidad de los sujetos.

Se trata justamente de una palabra que proviene del latín *perplexus*, formado del prefijo *per-* (intensidad o totalidad) y el verbo *plectere* (enredar), y que se refiere a algo confuso o "totalmente o intensamente enredado".

Tiempo bipolar, que lleva del frenesí a la tristeza y la desilusión. Porque, como comenta Paul Virilio (1932-2018) en un reportaje, luego de la presentación de su libro, *Ciudad Pánico* (2005):

> Nunca se estuvo tan solo y tan comunicado al mismo tiempo.

Son tiempos en que los "mensajeros" (ver capítulo I) se llaman "periodistas", pero ya no operan como aquél que cumplía una función esencial en la tragedia, en tanto no son ya testigos de algo que pasa ante sus ojos y de lo cual dan testimonio fiel. Los nuevos mensajeros ya no testifican sobre lo ocurrido. Ahora construyen realidades y responden a los intereses de aquellos que se arrogan el derecho de imponer una interpretación monolítica y triunfante sobre los hechos.

Son tiempos de mudanza, en los que Delfos cambió de continente y las sacerdotisas fueron reemplazadas por señores de traje gris. Su nueva sede se parapetó en Virginia (EE.UU.), no ya al pie del monte Parnaso, sino en una mole de cemento y vidrio sita en Wilson Boulevard, Suite 1825, Condado de Arlington, Virginia.

Porque es allí donde se dirime ahora quién está de cada lado de la línea que separa el mundo de los normales y el de los trastornados (así como en el pasado clásico se separaba el mundo de los dioses del de los mortales), y porque es allí donde los nuevos sacerdotes anuncian el destino que le corresponde a cada uno.

Una nueva oligarquía reconoce su nacimiento en la acrópolis de dicha metrópoli contemporánea. Conlleva una ventaja insoslayable: ya no hay que hacer un largo viaje para llegar allí. Ellos bajan al resto del mundo sus biblias laicas, verdaderos mamotretos de mala literatura fantástica, para que la gente tenga claro en qué lugar exacto de la grilla fue ubicado.

No interesan ya las causas de los supuestos trastornos –a contrapelo de toda una tradición milenaria en Medicina–, y ni siquiera interesa producir teoría psiquiátrica. Se trata de una clínica miope, sin lentes para mirar allí donde no se podría ver sin ellos, una clínica sorda que prescinde de aquello que del sujeto se cifra en el síntoma. Clínica ciega y sorda, más no muda… por desgracia.

Sólo importa inventar e imponer una clasificación, arbitraria como cualquier otra que se proponga, y con la falsa creencia acerca de que la observación y la descripción que conlleva toda grilla, serían procedimientos neutrales y objetivos.

Clínica montada en la observación, que ya ni mira ni escucha el sufrimiento humano. Sólo ve, oye y busca ubicar el síntoma en un manual para, luego, sentenciar un diagnóstico oracular. El sujeto, su historia, sus inscripciones, quedan fuera. El sujeto es una anomalía.

Los poetas y los grandes escritores, profundos conocedores de la condición humana, fueron advirtiendo acerca del mundo que empezaba a pergeñarse a pocos años de haber terminado la segunda guerra mundial.

Avizoraron, con mucha anticipación y en base a muy escasos indicios, que:

El sueño de la razón también produce monstruos[19].

---

19   Ver, a este respecto, la serie *Caprichos*, de Goya.

Como testimonio de ello está la carta dirigida por Huxley, A. (autor, en el año 1932 de *Un mundo feliz*[20]) a Orwell, G. (autor, en el año 1949, de *1984*) en la fecha del 21/10/1949:

> Mi propia creencia es que la oligarquía gobernante encontrará maneras menos arduas y derrochadoras de gobernar y satisfacer su ansia de poder, y esas maneras se parecerán a las que describí en *Un mundo feliz*. En el curso de la próxima generación creo que los amos del mundo descubrirán que el *condicionamiento infantil* y la *narcohipnosis* son más eficaces como instrumentos de gobierno que los garrotes y los calabozos, y que el ansia de poder puede satisfacerse completamente *sugiriendo* a la gente a amar su servidumbre como si a latigazos y puntapiés se le impusiera la obediencia.

Condicionamiento + narcohipnosis = siervos que no sólo obedecen, sino que, también, aman a sus amos. Amor + obediencia = servidumbre[21].

El hombre de las actuales condiciones de época no es ya un "*ser racional*". Ahora se trata de un "*ser enfermo*", una excrecencia de sistemas clasificatorios que cierran con todo el mundo adentro, y si alguien pretendiese emprender una denodada búsqueda por averiguar quién es sano, es decir, quién no es tributario de alguno de los trastornos consignados en los sucesivos manuales de diagnóstico, sepa de antemano que su intento será en vano.

En todo caso estará obligado a suponer que la única condición para gozar de una "buena salud mental" es haber formado parte del elenco estable que participó en la elaboración del manual, en cualquiera de sus versiones.

---

20 En 1932 escribe la obra en tan sólo cuatro meses. Se trata de una novela distópica que ofrece una visión pesimista acerca del porvenir, mostrando una sociedad regida por el condicionamiento psicológico.

21 Ver al respecto lo tratado en *El discurso de la servidumbre voluntaria*, texto escrito en 1560 por Étienne de La Boétie (editorial Terramar, 2008).

Parte I: Acerca de algunas de las condiciones que hicieron posibles los procesos de Medicalización de la vida cotidiana

1. Historia del cuerpo y el cuerpo en la historia

Los aportes de la Escuela de los Annales, fundada en 1929 por Marc Bloch y Lucien Febvre, imponen un nuevo modo de investigación con énfasis en los procesos de larga duración (F. Braudel). Generaciones posteriores se consagran al estudio de las mentalidades, una versión minimalista que pondrá el acento en el estudio de la cotidianeidad.

Los autores más destacados de este nuevo modo de hacer investigación histórica prescinden del análisis pormenorizado de las grandes civilizaciones, o de ciertos personajes relevantes (sin por ello dejar de considerar su decisiva intervención), y centran su atención en el modo de vida de los sujetos, dirigiendo su mirada hacia lo íntimo, la sensibilidad, la sociabilidad, el gusto y las representaciones sociales. Entre las obras y autores más conocidos encontramos, por ejemplo, a:

- **Ariès, Philippe y Duby, Georges**, con *Historia de la vida privada* (publicado en el trienio 1985 al 1987), de editorial Taurus de Madrid, edición en 5 tomos;
- **Braudel, Fernand**, con *Las estructuras de lo cotidiano* (1984), de editorial Alianza de Madrid;
- **Courtine, Jean-Jacques *et al.***, con *Historia del cuerpo* (1984), de editorial Taurus de Madrid, edición en tres tomos;
- **Burguière, André, Segalen, Martine *et al.***, con *Historia de la familia* (1998), de Alianza editorial de Madrid, con prólogo escrito por C. Lévi-Strauss y G. Duby, edición en dos tomos;
- **Ariès, Philippe**, con *El niño y la vida familiar en el Antiguo Régimen* (1960), de editorial Taurus de Madrid;
- **De Mause, Lloyd**, con *Historia de la infancia* (1974), de editorial Alianza de Madrid.

Entre los autores argentinos mencionamos los estudios sobre la infancia de Sandra Carli y los trabajos de Ricardo Cicerchia (1996), con *Historia de la vida privada en la Argentina*, editorial Troquel, Buenos Aires, o el texto de Fernando Devoto y Marta Madero (1999), *Historia de la vida privada en la Argentina*, de editorial Taurus de Buenos Aires, edición en tres tomos.

La profusa producción bibliográfica viene a mostrar que nada hay en el hombre que no sea producto de su propia obra; pone en tela de juicio lo evidente, haciendo de lo habitual lo extraño, y ayuda a ver que todo lo que el hombre tiene y tiende a reificar es producto de una construcción socio-histórico-cultural que es posible desentrañar, arqueológica y genealógicamente.

Implica, también, una idea por demás inquietante: *que las cosas podrían haber sido de otro modo.*

La "nueva historia" desenmascara realidades presentadas con afán de universalidad e inmutabilidad, y asume el enorme desafío de renunciar a las seguridades que procura el pensamiento metafísico. Critica a los universales esencialistas y muestra que el orden biológico es condición necesaria pero no suficiente, porque no todo se reduce a una cuestión de geografía, como parece derivarse de ciertas posiciones dogmáticas, fuertemente influenciadas por la Psiquiatría biológica, las neurociencias y el retorno de la teoría de las localizaciones cerebrales.

La Historia del cuerpo da cuenta de que el concepto de Organismo, tan caro al conductismo americano, es insuficiente.

> Las neuro-ciencias se convirtieron en la fuente de una creencia inverosímil: soñar con un cuerpo autista, independiente de los lazos afectivos con los semejantes, cercanos o lejanos, es una pura ficción. (Pommier, 2002, p. 60).

El organismo interesa en exclusividad a los geógrafos de la subjetividad y a la práctica psiquiátrica, que reduce su intervención a lo molecular, tocando ya las puertas de la Neurología.

Un organismo no crece si nadie le habla, si nadie lo nombra, si nadie lo cuida.

El concepto de cuerpo, en cambio, incluye, aunque también excede, al de organismo, en tanto el cuerpo es cultural, histórico y social, y las representaciones que sobre él se construyen tienen decisiva influencia en los procesos de salud y enfermedad.

En la Antigüedad Clásica, la representación triunfante acerca del cuerpo se vinculaba al ideal heroico (presente en los relatos homéricos, sobretodo en la *Ilíada*). Cuerpo de guerrero presto para el combate, resultado de un prolongado proceso de cuidado y ejercicio.

En la Edad Media, en cambio, se produce una profunda mutación y el cuerpo pasa a ser considerado corrupto en virtud de la indeleble marca del pecado original y por sus apetitos concupiscentes. Se trata un cuerpo a castigar, y así aparece reflejado en la iconografía religiosa, en la que se observan procesiones de fieles flagelándose. Posteriormente, el cuerpo es considerado obra divina, templo sagrado que no debe ser profanado, con lo que la Medicina, que tanto le debe al cadáver, poco pudo avanzar por aquellos tiempos.

En la Modernidad, el cuerpo es comparado a la máquina, que representa la obra humana. Es materialidad desmontable, y así lo testimonia el propio Freud cuando, una vez recibido de médico y realizado el juramento hipocrático, se dispuso a realizar, también, el Juramento materialista de la escuela de Helmholtz:

> Los organismos difieren de las entidades materiales móviles sin vida –las máquinas– en cuanto son capaces de asimilación; sin embargo, se trata en ambos casos de fenómenos del mundo físico, esto es, de sistemas de átomos animados por fuerzas, según el principio de conservación de la energía descubierto por Robert Mayer en 1842, olvidado durante veinte años y luego divulgado por Helmholtz (...) Las causas reales se expresan científicamente con el nombre de fuerzas (...) reducidas a dos por el progreso del conocimiento: la atracción y la repulsión. Todo esto es válido también para el organismo humano. (Como se cita en López Molina, 2008, p. 103).

Los tiempos actuales nos muestran variados significados asignados a lo corporal. El cuerpo se vuelve una obsesión, debe ser juvenil, para poder gozar de las bondades de las libertades conquistadas. Gozar de las ventajas del hoy, aunque con el cuerpo de ayer, para el caso de los *no jóvenes juveniles*, esto es, los adultos juvenilizados.

El cuerpo varía, también, generacional y socialmente. Al interior de cada generación es vivenciado de modo original, pero también intersectan con lo generacional las distintas posiciones sociales (del mismo modo que las posiciones sociales son atravesadas, a su vez, por lo generacional).

El volumen y estructura de los capitales acumulados por los sujetos se inscriben también en lo corporal (concepto de *hexys* en Pierre Bourdieu): para ello no hay más que observar una mujer de 45 años en un shopping que parece una amiga de su hija, y ver, luego, a una mujer de

30 en una villa de emergencia que parece tener muchos más años de los que la cronología indica.

En este sentido, Eribon señala que:

> El cuerpo de una obrera, cuando envejece, muestra, ante todas las miradas, la verdad de la existencia de las clases. (2015, p. 85).

El cuerpo es lugar de inscripción. Las diferencias sociales, económicas, culturales, generacionales y políticas lo tallan. Es metáfora viva. Habla, canta, grita, goza. O, en ocasiones, parece engañar, como ocurre con en esa joven anoréxica que pesa apenas 30 kilos y que, sin embargo, cuando se *ve* reflejada en el espejo, se *mira* gorda.

El cuerpo es biológico, social, cultural, histórico y generacional, y no habita en un medio o en un ambiente, como afirmarían los psico-biólogos[22]. Un animal silvestre vive en su medio. El sujeto vive en lo social, arrastrando sus miserias de condición y posición.

En los tiempos líquidos de la Posmodernidad, del Capitalismo tardío o del Realismo capitalista (Fisher, 2016), el cuerpo pasa de ser un cuerpo consumidor a ser, además, un producto a ser consumido. Hoy es común, por ejemplo, la venta de células, secreciones, órganos y tejidos: la *placenta* para productos de belleza, el *cordón umbilical* para extraer células primitivas, y el *sudor* por las feromonas que contiene y sus supuestos efectos afrodisíacos.

La historia del cuerpo muestra los significados que le estuvieron asociados y cómo eso se entrama con los procesos de salud-enfermedad.

Los ideales de la época (ser joven, delgado, sin arrugas ni canas, con un cuerpo tallado a gimnasia, como así también el individualismo, el vivir sólo el presente, la diversión permanente, el consumo desaforado y la auto-referencialidad) lo atraviesan, generan montos de ansiedad no tramitables fácilmente, y obligan a esfuerzos enormes que, cuando no son recompensados rápidamente, sumen en la tristeza, la sensación de haber fracasado o el desamparo.

---

22 *"Es conveniente que el enamoramiento dure sólo meses, de lo contrario se sufre demasiado (...) podemos afirmar que las relaciones de confianza están basadas en la oxitocina, que ya existe en el mercado como spray nasal (...) se podría usar el spray para hacer negocios y ganar empatía"* (Akiskal, H., psiquiatra iraní).

2. *Historia de las enfermedades y sus vínculos con lo corporal y lo epocal*

La historia de las enfermedades (Pérez Tamayo, 1988), íntimamente vinculada a la historia del cuerpo, muestra los distintos modos en que la humanidad intentó explicar el proceso de enfermar, apelando a, por lo menos, cuatro hipótesis etiológicas: por causas naturales, por traumas, por punición y por posesión.

La explicación *punitiva* fue típica en la antigüedad, apoyada en la idea de que las pestes que asolaban los poblados respondían a un castigo propinado por los dioses hacia quienes habían tenido la osadía de desafiarlos o en razón de rivalidades entre las propias divinidades que repercutían en la biografía de los humanos: los celos de Hera por las constantes infidelidades de Zeus, por ejemplo, que acarreaban desgracias para los mortales.

Vale la pena recordar, a este respecto, que cuando el SIDA comenzó a propagarse, las primeras explicaciones recuperaron esta antigua concepción punitiva para explicar la enfermedad: se trataba de que había "*grupos de riesgo*" (negros, homosexuales y adictos) para, luego, cuando se hizo pandemia, comenzar a hablarse de "*conductas de riesgo*". Claro ejemplo de lo que hacemos con las palabras y lo que las palabras hacen con nosotros. Cambio de palabras que implicó un giro copernicano en lo que S. Sontag llamó "*la metáfora del SIDA*" (1990, Editorial Muchnik).

La explicación por *posesión* adquiere una fuerza inusitada con el cristianismo, aunque ya se puede pesquisar en algunas tragedias griegas, como, por ejemplo, *Las Bacantes* de Eurípides (en esta obra, el rey Penteo no reconoce a Dioniso y prohíbe la difusión de su culto, por lo que, al llegar el dios a Tebas, posesiona y enloquece a la madre del rey y a sus hermanas, las que, en pleno estado de frenesí y furia, asesinan al rey y sólo vuelven en sí por intervención de Cadmo).

> El endemoniado ilustra un combate eterno, y el pensamiento cristiano reconoce en él el drama del hombre aprisionado entre lo divino y lo satánico (...) lo importante es que el cristianismo despoja a la enfermedad mental de su sentido humano y la ubica en el interior de su universo; la posesión arranca al hombre de la humanidad para liberarlo a lo demoníaco, pero lo mantiene en un mundo cristiano, en el que cada hombre puede reconocer su destino. La obra de los siglos XVIII y XIX es inversa: restituye a la enfermedad mental su sentido huma-

> no, pero aleja al enfermo mental del mundo de los hombres. (Foucault, 2008, pp. 89-90).

Cuerpo, malestar, enfermedad y época se entraman originalmente en distintos concretos histórico-socio-culturales, y por algo se hablaba en el siglo XX de que la depresión era el mal del siglo cuando la razón moderna, humanista, capitalista y cientificista, produjo los horrores de Auschwitz, Treblinka, Hiroshima y Nagasaki, monstruos creados por el relato moderno.

El nuevo milenio trajo nuevas epidemias: TDA/H para niños y pre-adolescentes, trastornos de ansiedad en los jóvenes y adultos en los tiempos acelerados de la posmodernidad, y trastorno de bi-polaridad distribuido democráticamente en todas las franjas etarias.

Y si la anorexia nerviosa arrastra huellas que la vinculan con la Modernidad, la bulimia, por el contrario, se inscribe más en los tiempos de liquidez. Nuevas figuras del malestar, a tono con las nuevas condiciones de época, que hacen que los hijos se parezcan menos a sus padres que a dichas condiciones.

> La enfermedad no tiene realidad y valor más que en una cultura que la reconoce como tal. (Foucault, 2008, p. 83).

El malestar en la cultura, publicado por S. Freud en 1930, es uno de los textos más trágicos de toda su obra. Allí su autor plantea que no hay cultura sin malestar, y que el sujeto se ve compelido a hacer un trueque, renunciando al goce pleno de sus pulsiones sexuales y agresivas como condición para poder vivir con otros. Como resultado de esto, surge el malestar que va definiendo sus formas según los avatares de la subjetividad, de la convivencia con los otros y las condiciones de época.

Pero habría también, como dice S. Bleichmar, una cuota extra de *malestar sobrante* que ya no es constitutivo de toda cultura, sino que se trata de:

> Aquella cuota extra a pagar por el hecho de que la profunda mutación histórica sufrida en los últimos años, deja a cada sujeto despojado de un proyecto trascendente (...) que es lo que lleva a los hombres a soportar la prima de malestar que cada época impone. Es la garantía futura de que algún día cesará ese malestar y la felicidad podrá ser alcanzada. (2007, pp. 17-22).

Malestar sobrante vinculado a la época, a las vicisitudes por las que atravesó el país, a la ruptura de los lazos sociales, a la instalación de la sospecha en las relaciones humanas, a la licuación acelerada del zócalo de producción de subjetividad prohijado por la Modernidad, al agotamiento de los garantes éticos, filosóficos, ideológicos, religiosos y políticos, a la progresiva declinación del Estado benefactor, de sus instituciones y de la función paterna como instauradora de cierta legalidad familiar, cultural, social y política.

Frente a las consecuencias que trae aparejado el renunciar al goce pleno de los impulsos para así poder convivir con otros, y frente, además, al plus de malestar extra, los sujetos buscan nuevas formas de mitigarlo consumiendo desaforadamente libros de auto-ayuda (Osho, Bucay, Coelho, entre otros), biografías de los triunfadores en el mundo empresario (gerentes de Toyota o Coca Cola), neo-religiones (que, a diferencia de las tradicionales, prometen la salvación en lo inmediato, con tele-pastores histriónicos que pasan a ser *stars* del mundo mediático), otros procuran ampararse en el inflacionario concepto de resiliencia, o en las obviedades de la Psicología Positiva, digna heredera de *Reader´s Digest*.

Otro paliativo al que se acude en la búsqueda incesante de sentido es el consumo desenfrenado de productos *gadget*, con una vida útil por demás corta porque la consigna de la época es:

> Nada a largo plazo: principio que corroe la confianza, la lealtad y el compromiso mutuo (...) es la dimensión temporal del nuevo capitalismo. (Sennett, 1998, pp. 22-24).

Compras desenfrenadas y que, muchas veces, están por encima de las posibilidades económicas reales del comprador.

Otro antídoto al que se recurre habitualmente es el de adherir a la devoción por figuras míticas paganas (Difunta Correa, Gauchito Gil, por ejemplo), o consumir diariamente los programas de "entretenimiento" en los que la risa es obligatoria (Fabbiani, Kaczka o Tinelli), y la racionalidad se toma vacaciones, o a consumir "programas políticos" en los que la velocidad prima sobre el análisis, y en los que se pasean, de un canal a otro, los *"pensadores rápidos"* que describe Bourdieu en su libro *Sobre la televisión* (2006, Anagrama).

Una programación estupidizante que en nada favorece a la expresión del pensamiento, y que establece un vínculo negativo, e inversamente proporcional entre argumentación y velocidad.

Pero el paliativo más peligroso tiene que ver con lo que T. Abraham llamó *"la sociedad terapéutica"* (2000, p. 16), que promueve el consumo generalizado de psicofármacos en todas las franjas etarias, para poder así soportar el malestar de vivir en épocas en que las posibilidades de tener *"experiencia"*[23] son cada vez menores.

Se trata, en este caso, de una industria farmacéutica que ya no se dedica exclusivamente a generar medicamentos para curar las enfermedades reconocidas, sino que dedica gran parte de sus esfuerzos a fabricar enfermedades para poder vender sus medicamentos. Verdaderas fábricas de psiquismo y de estados de ánimo "saludables"... a pura química.

Versión contemporánea de la pastilla *soma*, que el Estado brindaba generosamente a sus ciudadanos en *Un mundo feliz* de A. Huxley.

En la sociedad terapéutica, mientras los adultos consumen ansiolíticos y antidepresivos, los niños reciben estimulantes. Vida medicalizada.

Los procesos de subjetivación en épocas de instituciones deslegitimadas, desarticuladas y perplejas, son ahora regulados químicamente. Padres atemorizados que reciben clases de crianza de parte de maestros psiquiatras, neurólogos, neuro-pediatras y neuro-psicólogos, que les enseñan a diseñar el cerebro de sus hijos.

3. Historia de la locura, el manicomio y la Psiquiatría

Se trata de tres historias singulares, pero que se entrecruzan constantemente, y si algo hace que se crucen, eso tuvo que ver con el poder.

¿Es posible escribir una historia de la locura? ¿O es necesario vincular los comportamientos extravagantes a la episteme de la época, a la sociedad y la cultura donde esas manifestaciones, aparentemente inusitadas, emergieron?

En la *Historia de la locura en la época clásica* (2015), M. Foucault daba cuenta de cómo lo que hoy llamamos locura, desde la mirada psiquiátrica, era explicado desde otros registros ligados a los sistemas de creencias:

> El insano ya no es un *poseído*; en todo caso es un desposeído. (p. 91).

23　Ex-periencia es aquello que le pasa a uno, un acontecimiento que tiene un sentido, que viene desde fuera, desde otro sujeto, o por una vivencia, pero que impacta en la subjetividad, y luego de la cual ya no se es el mismo. Es aquello, también, que puede ser transmitido a otro. Algunos autores hablan, asimismo, del fin del acontecimiento (Finkielkraut, en su obra *La derrota del pensamiento*, 1987), de una cultura zombi en la que tiene más valor la representación (fílmica, fotográfica) que el propio acontecimiento.

Porque antes se suponía que era un poseso y que la joven, extremadamente delgada y que parecía no tener nunca apetito, era una mística. Habrá que esperar hasta 1870 para que Charles Lasègue la nomine anorexia nerviosa, encapsulando tal comportamiento en el todavía angosto río de la patología psiquiátrica. Ya cuando la clasificación psiquiátrica se haga oceánica, no quedará lugar para ningún tipo de comportamiento, sea o no extravagante.

Sí es posible, y de hecho existen versiones que dan cuenta de la historia de la institución manicomial y de los tratamientos que allí se llevaban a cabo. Institución total, panóptica, cerrada, endogámica y en donde el poder ejercido por el alienista era absoluto.

En el año 1887, en el caso de Argentina, el Estado Nacional designó una Comisión para que elabore y eleve un Informe sobre el estado de los hospitales municipales y allí se decía del Hospicio de las Mercedes, entre otras cosas, lo siguiente:

> Verdad es que, en este establecimiento, la dirección y la administración refundidas en un solo jefe superior, único responsable que imprime unidad a todo el mecanismo de la organización de un establecimiento semejante, es una gran ventaja, y estos resultados debieran tenerse en cuenta, muy justamente, para ponerlos en práctica en la reglamentación de los demás establecimientos. (Ingenieros, 1919, p. 170).

Un observatorio ejemplar para los estudiosos del poder sin velos. Dice M. Foucault:

> El asilo no sanciona la culpa del loco, hace algo más, la organiza. (2019, p. 23).

Estar loco *es* estar internado en un manicomio. Una vez que el sujeto ingresó, todos sus actos confirmarán su locura, si es sumiso, si es rebelde, si es triste o si es alegre. Si ríe, será risa inmotivada, si llora, llanto inmotivado. No tiene escapatoria. La posibilidad del alta es remota. La palabra del alienista tiene la fuerza de la sentencia del juez. Es un *atrapado sin salida.*

¿Cuánto debe la Psiquiatría al manicomio? Todo. Todo le debe a ese observatorio a gran escala. Desde allí se pergeñarán las teorías que librarán batallas intelectuales memorables entre distintas tradiciones nacionales: Francia y Alemania, por caso, o entre los que defendían una etiología exclusivamente orgánica o funcional y los que ponían el acento en la génesis psíquica de algunos síntomas nerviosos.

En la obra *Un saber que no se sabe* (2005), su autora Maud Mannoni señala la incompatibilidad de la práctica analítica con cierta concepción de la teoría como saber, y que el saber teórico del Psicoanálisis ha fracasado en la interpelación a la Psiquiatría y a la institución psiquiátrica, porque ha descuidado los problemas que se plantean en tales instituciones asilares:

> La dicotomía psiquiatría/psicoanálisis ha creado una situación en la que el psicoanálisis ha llegado a ser únicamente un quehacer de la clase intelectual, dejando que la psiquiatría conservara a su lado la tradición de las prácticas médicas de origen empírico, apoyadas *a posteriori* por teorías que desempeñan la función de justificación imaginaria. (p. 127).

Entre los autores que investigaron la historia de la locura, de la institución manicomial y de la Psiquiatría están M. Foucault, M. Mannoni, R. Castel, R. Porter, A. Dörner, G. Rosen y, entre los argentinos, se destaca el meduloso libro escrito por el Dr. Jorge Sauri, *Historia de las ideas psiquiátricas* (1969).

Revisar estas historias es requisito fundamental para entender cómo se fueron gestando las condiciones que hicieron posibles los procesos de medicalización, estigmatización y patologización de la vida, una vez que el psiquiatra salió de los muros del asilo y pasó a legislar sobre la salud mental de toda la población.

4. *Locura, manicomio, Psiquiatría y medicalización en Argentina*

En nuestro país, quien tuvo un papel decisivo en esta historia fue el Dr. Domingo Cabred (1859-1929), psiquiatra argentino que, luego de visitar en Europa (durante el año 1888 estuvo en Alemania, Italia, Austria y Francia) distintos modos de tratar la enfermedad mental, fundó en el año 1908 la Colonia Nacional de Alienados *Open Door*, bajo la inspiración del padre de la Psiquiatría francesa P. Pinel y su discípulo E. Esquirol, pero también de los primeros referentes de la Psiquiatría alemana.

El modelo francés consistía en contar con un hospital que atendiera pacientes agudos y crónicos, ubicado al lado de la universidad y con una alta dotación de médicos; el modelo alemán, en cambio, concentraba la atención de los pacientes agudos en instituciones con buena cobertura médica y emplazaba hospicios en el campo para pacientes crónicos, con menor dotación de profesionales, y todo esto bajo la decisiva influencia de la mirada organicista kraepeliniana, que dará importancia radical al concepto de cronicidad. De allí que haya sido el modelo alemán el que haya impregnado más la política de salud mental adoptada por el gobierno nacional, más allá de que, hasta la creación de *Open Door*, ya habían sido fundados el hospital Borda (en el año 1865, bajo la influencia del psiquiatra alemán Christofredo Jakob) y el Moyano (en 1854), donde se atendía sólo a mujeres. Con la creación de la colonia, los pacientes crónicos fueron hacia allí derivados.

En la provincia de Córdoba funcionan el Hospital Neuropsiquiátrico Provincial, en la ciudad capital, inaugurado en el año 1890, donde se atiende a pacientes agudos, y el Hospital Emilio Vidal Abal, localizado en la ciudad de Oliva, creado el cuatro de julio de 1914, y destinado a pacientes crónicos.

En el año 1919, José Ingenieros (1877-1925), médico, psiquiatra, criminólogo, psicólogo y filósofo, edita su libro *La locura en Argentina* en el que advertía que, a partir de 1879,

> (…) comienza a predominar entre las asiladas de la Convalecencia, lo mismo que entre los del Hospicio de las Mercedes, la población extranjera, coincidiendo este hecho con la evolución demográfica de Buenos Aires. (p. 156).

Los pacientes eran clasificados en distintos grupos: *tranquilos, semi-agitados, destructores, furiosos, alienados, delincuentes, convalecientes, epilépticos y paralíticos,* en tanto, detrás de las barreras, estaban agrupados los pacientes *crónicos.*

El psiquiatra es quien, a partir de ahora, se ocupa de la atención de los internos, y no ya las monjas y señoras de la caridad en un régimen monárquico absolutista.

Con la llegada de la inmigración (italiana, sobre todo), muchos de esos nuevos ciudadanos, en razón de su supuesta "des-adaptación", comienzan a poblar los grandes asilos creados por el Estado. Lo cierto es que la llegada de estos inmigrantes, y no la de los que soñaban los precursores de la "gran aldea" (del norte y centro de Europa), no cayó del todo bien a los sectores medios y altos de la Argentina de la época[24].

---

24 Según los datos que presenta Fernando Devoto (2003), sabemos que entre 1881 y
    1914 llegan aproximadamente 4.200.000 personas a la Argentina, de las cuales cerca

El escritor y político argentino Eugenio Cambaceres (1843-1888), en su novela *En la sangre*, publicada en 1887, realiza una descripción estigmatizante de su personaje principal, Genaro Piazza:

> De cabeza grande, de facciones chatas, ganchuda la nariz, saliente el labio inferior, en la expresión aviesa de sus ojos chicos y sumidos, una rapacidad de buitre se acusaba (…) alguna mulata zaparrastrosa, desgreñada, solía asomar; lo chistaba, regateaba, porfiaba, alegaba, acababa por ajustarse con él. (2011, p. 2).

En la sangre pone en escena el temor xenófobo con que la elite porteña reaccionó ante el fenómeno inmigratorio, y así lo comentaba el editorialista en su sinopsis:

> (…) a través de la historia del astuto arribista Genaro, un hijo de inmigrantes que seguramente se valdrá de imposturas, fraudes, robos, violación y *de su brutalidad congénita y hereditaria* para alcanzar aquello que su naturaleza le niega: ser rico y ser criollo. (2011).

El nombre mismo de la novela revela el determinismo social sostenido por el autor, dando a entender que el personaje en cuestión tiene hábitos desagradables que ya trae en su sangre por haberlos heredado de sus padres, provenientes de sectores pobres de Italia.

Durante los últimos años del siglo XIX, los inmigrantes italianos eran muy discriminados por los criollos, que los consideraban ignorantes y apátridas. Eran, en su gran mayoría, analfabetos, y muchos compartían ideales asociados al anarquismo. Traían su lengua, sus dialectos, sus costumbres, sus comidas, sus músicas.

Hacia fines de 1870 los inmigrantes ya constituían cerca del 50% de la población de los habitantes de Buenos Aires, y alrededor de dos tercios representaba la población de internados en el Hospicio de las Mercedes.

> Cualquier *craneota* inmediato es más inteligente que el inmigrante recién desembarcado en nuestra playa. Es algo amorfo, yo diría *celular*, en el sentido de su completo alejamiento de

---

de 2.000.000 son italianos, 1.400.000, españoles, y 170.000, franceses. El máximo histórico se alcanzará antes de la primera guerra mundial, y el porcentaje aproximado de retorno es del 36% entre 1881 y 1910.

todo lo que es mediano progreso en la organización mental. (Ramos Mejía, 1899, p. 247).

Tanto rechazo por parte de los sectores acomodados y medios generó que el Estado, que antes festejaba las efemérides en las plazas de la ciudad, a partir de entonces, escolarizara los actos, los metiera dentro de la escuela.

Podría afirmarse, entonces, que "el gran encierro" tuvo que ver, en Argentina, con la inmigración en general, y con la italiana en particular.

Lucio Meléndez, ex director del Hospital de las Mercedes, elabora la categoría del "loco inmigrante" –a tono con el "declive hereditario" del que hablaban las teorías degeneracionistas– y sostiene que los extranjeros enloquecen más fácilmente en esa "Sodoma del Plata" en la que se había convertido la ciudad de Buenos Aires, como conducta reactiva a las desventuras con las que cotidianamente confrontaban, y propone, en la *Revista Médico Quirúrgica,* subtipos en los que diferencia, en el marco de los "orates enajenados", a los irlandeses, que adolecen de "melancolías apáticas con ideas religiosas", a los franceses, que padecen más frecuentemente "locura sifilítica", en tanto que en el caso de los inmigrantes italianos y españoles presentan una violencia típica de los temperamentos sanguíneos y robustos. Según su criterio, predominaba entre los inmigrantes europeos las "lipemanías simples o agudas" y los casos de "melancolía", pero también estaba el caso del inmigrante ambicioso, con afán desmedido de lucro, particularmente frecuente en el caso de la comunidad judía. Un clásico...

En el año 2015 el Dr. Raúl Teyssedou comenzó, en Córdoba, a trabajar en la recuperación de las historias clínicas conservadas en el hospital Vidal Abal, de Oliva, investigación que ya lo llevó a escribir tres libros al respecto, en los que rescata las historias de los pacientes que fueron allí internados, muchos de ellos, de por vida.

En el Tomo II, que recupera las historias obrantes en el hospital entre los años 1917 y 1919 inclusive, brinda datos muy interesantes acerca de la población hospitalizada:

En 1919 ingresan 598 personas, 320 de ellas varones (53.51%) y 218 mujeres (46.48%). Entre los hombres, el 47.29% eran jornaleros, un 9.85% agricultores y el 9.35% empleados. En tanto, entre las mujeres, el 74.50% estaba dedicada a los quehaceres domésticos.

En el caso de los hombres, el 40.67% de los internados ese año eran originarios de Italia, en tanto un 38.98% provenían de España. En el caso de las mujeres, el 45% eran italianas y el 38.33%, españolas.

En cuanto a los diagnósticos prevalentes, en primer término, aparecía la *Demencia Precoz* –lo cual da cuenta de la enorme influencia ejercida por la Psiquiatría alemana y, en particular, la obra de Kraepelin–, luego, la *Confusión Mental Alcohólica, Locura Maníaco-Depresivo* y *Confusión Mental*. Con menores porcentajes aparecían también la *Demencia Alcohólica*, la *Locura Epiléptica* y la *Parálisis General Progresiva* (Teyssedou, 2017-2018-2019). Como dato curioso se consignan un par de casos de una patología llamada *Alcoholismo de un Débil de Espíritu*.

Según los datos relevados en la exhaustiva investigación, el 15 de noviembre de 1921 aparece por primera vez el diagnóstico de Esquizofrenia en una historia clínica, categoría introducida por Bleuler en su texto *Dementia Praecox, o el grupo de las esquizofrenias* en 1908[25].

Muchos de los diagnósticos están vinculados a las elevadas tasas de consumo de alcohol[26], sin ninguna consideración respecto de la terrible influencia que producían la discriminación y las condiciones de miserabilidad en la que muchas familias vivían en los conventillos, que se esparcieron especialmente por la ciudad de Buenos Aires.

Poco a poco las teorías degeneracionistas de Morel y Magnan, bajadas de los barcos en el puerto, "confirmarán" estos prejuicios al comenzar a hablar de un *Declive Hereditario*.

Su origen se atribuye a la obra de Morel, quien crearía una escuela de pensamiento según la cual muchas de las demencias y taras mentales no son más que signos de un "declive hereditario". Por supuesto, también la delincuencia y el crimen podían ser explicados por condicionantes biológicos y hereditarios, así que ésta es también la época en que nace la criminología "científica". Uno de sus pioneros, Cesare Lombroso, se preciaba de poder detectar el carácter criminal de una persona con sólo observar algunos de sus rasgos físicos (asimetrías craneales, tipo de mandíbula, orejas, arcos superciliares, etc.), y tenía la teoría de que la "raza latina" presentaba estadísticamente predisposición al homicidio con los estigmas del atavismo y degeneración hereditarios de la criminalidad. De tal modo, italianos y españoles, numéricamente mayoritarios entre la población inmigrante, se convirtieron en el blanco de acusaciones, al adjudicárseles residuos de criminalidad que traían en

---

25 El nombre elegido por Bleuler para su libro responde a su interés en no romper amarras definitivamente con quién fuera uno de sus maestros, el Dr. Kraepelin.

26 Así como muchos eran considerados apátridas por haber abandonado su tierra, a otros se le asignaba una curiosa categoría llamada *Melancolía del inmigrante*.

su sangre. Las dos guerras mundiales, iniciada por "la raza aria", entre otras cuestiones, se encargaron de refutar su teoría.

En la misma línea de Galton, y apoyándose también en Darwin, Lombroso afirmaba que la herencia recibida no podía corregirse, y consideraba necesario evitar la procreación o, incluso, eliminar directamente a quienes han recibido esa predisposición al delito.

Hacia el año 1902 el Estado Nacional promulga la Ley de Residencia o Ley Cané (N° 4144), que daba atributos al Estado de expulsar del país a todo extranjero que subvirtiera el orden político, en tanto que el encierro psiquiátrico estaba destinado para aquellos otros que no se adaptaban a vivir en la Argentina, "crisol de razas".

Al respecto, el Dr. Raúl Teyssedou señala que:

> Por esos días no faltaban planteos médicos que afirmaban la existencia de una conexión entre la locura o la demencia, con ideas propensas a la protesta social. (2018, p. 22)[27].

La importante indagación realizada por este psicoanalista cordobés muestra a las claras como se *aggiornaban* los diagnósticos a tono con las teorías psiquiátricas que se gestaban en Europa y, si en el primer trienio de 1914 a 1916 había 70 conceptualizaciones diagnósticas, en el segundo, éstas se redujeron a 58, y desaparecieron, entre otras, la *Locura Tóxica Puerperal*, la *Depresión Melancólica Presenil, la Monomanía de Persecución* y la *Psicosis infecciosa*.

En *Historias clínicas III* (2019), el autor traduce un escrito de 1914 de un paciente llamado Giovanni, que muestra a las claras lo que eran los tratamientos aplicados por aquel entonces:

> Me han arrastrado por tierra, uno agarró la mano, otro la pierna a lo largo del camino; llegado a una tina llena de agua, con doble servicio de canillas. No diré cuántas horas estuve, siempre golpeándome: está loco, está loco! Levantado de las aguas a patadas en el culo, eran muchos los enfermeros, para ellos era nada, para mí sí, recibí una buena dosis de está loco! Llegado a la cama me calentaron bien, (...) a sopapos me rompieron con un pedazo de madera el brazo izquierdo. En la cama pasé 8 días sin comer (...) sin avisarme colocaron un cable correspondiente

---

27 En diciembre del año 1938, en el monasterio de Cardeña, el Dr. Vallejo Nájera, A. (padre) comienza un experimento autorizado por F. Franco que consistía en buscar el "gen rojo", que hacía que una persona se inclinara a la ideología marxista.

> a mi cama. La cama estaba bien preparada, 2 colchones de lana
> (...) de golpe un dolor tal (...) solo el tiempo de la electricidad
> yo estuve quieto, solamente 4 días con las respectivas noches.
> (pp. 105-106).

Testimonio impactante que da cuenta de la crueldad de los tratamientos usados y que desmiente las historias edulcoradas de la Psiquiatría, que hablan del humanismo del *"tratamiento moral"* y del *"non restraint"*, máxima aplicada por J. Conolly en 1839, que consiste en la renuncia a cualquier forma de contención física o mecánica en el tratamiento de los enfermos mentales.

El proceso de medicalización en Argentina comienza, entonces, mucho antes de lo que se suponía, en la forma de una política de disciplinamiento de la población inmigrante. Ellos fueron sus primeras víctimas. Cárcel, manicomio o expulsión fueron las estrategias puestas en juego.

5. *Contribuciones de la ciencia psicológica a los procesos de medicalización: Los estudios psicométricos y evolutivos en Psicología*

5.a) La mirada Psicométrica

Los primeros test psicométricos fueron creados en momentos en que estaba muy pobremente explicado qué se consideraba *inteligencia*. Tuvieron que pasar varios años para que la investigación psicológica mostrara que no es una suma de facultades básicas: Atención + Memoria + Percepción. En tal sentido, los estudios de Piaget y de Vigotsky, en primera línea, y de Inhelder, Bruner y muchos otros, fueron aportes importantísimos para entender de un modo más exhaustivo de qué hablamos cuando hablamos de inteligencia. Es decir que los primeros test antecedieron a los estudios más rigurosos sobre aquello que pretendían medir y cuantificar, quién sabe bajo qué parámetros.

Se creía que, con ellos, la disciplina se proveía de instrumentos objetivos indiscutibles y que, además, tenían la ventaja de poder ser usados en múltiples dominios: educación, mundo del trabajo, justicia, etc. Pero no hay que dejar de lado algunas de sus variadas limitaciones:

- no toman en cuenta la singularidad, y sólo ponderan el desempeño ante la prueba en relación a una media estadística
- dan cuenta de estados, no de procesos

- relativizan cuestiones idiosincráticas, culturales, sociales, generacionales y lingüísticas
- pretenden hacer de las cualidades, cantidades
- las pruebas no permiten situar los límites entre normalidad y patología
- pretenden dar cuenta del estado actual del sujeto y predecir su comportamiento futuro
- sirven para legitimar la disciplina como una herramienta supuestamente idónea
- no queda claro si los ítems seleccionados son representativos de aquello que se pretende medir
- parten de la idea de una unidad o complementariedad de las teorías psicológicas a la hora de definir lo que sería la inteligencia

Dado que se trata de herramientas que requieren ser problematizadas, y que no tienen un valor *per se*, sin embargo, sus conclusiones, muy poco fundadas, pueden ser determinantes para la vida de un sujeto, como, por ejemplo: asistir a una escuela de modalidad común o especial, poder adoptar o no un niño, ingresar a cierto trabajo o, como señala Allen Frances, salvarse o no de que se le aplique pena de muerte:

> Un inquietante ejemplo es la reciente sentencia del Tribunal Supremo de EE.UU., que declara inconstitucional la aplicación de la pena de muerte a personas que padecen un retraso mental. La vida y la muerte dependen ahora de la distinción estúpida y artificial que supone tener un CI de 70 en lugar de 71. (2014, p. 33).

Esto implica, por ejemplo, que un homicida con un CI de 70 se salva de la pena de muerte, pero si tiene 71 o más puede ser condenado a ella. Son, entonces, pobres herramientas, sobrevaloradas, pero que, no obstante, sirven de base para decisiones fundamentales que afectan la vida de miles de personas.

5.b) La Psicología Evolutiva

La Psicología del niño, mal llamada *"evolutiva"*, se apropió del concepto de evolución, propio de la Biología, y lo llevó a la jurisdicción de la disciplina sin problematizarlo.

Thomas Kuhn planteaba en su obra que, durante el período de ciencia normal, que transcurría bajo la vigencia de un paradigma, los científicos se dedicaban a *profundizarlo* (en función de los enigmas que cada paradigma introducía), a *darle coherencia* y a *extenderlo a otros dominios*. Esto último pasó con el concepto de evolución, propio de las ciencias naturales. Ahora bien, transpolar un concepto de estas ciencias, que son precisas y legaliformes, a las ciencias sociales, que son conjeturales y que tienen menor capacidad predictiva, no deja de tener sus riesgos.

Fue tan fuerte el impacto que produjo en la ciencia de la época la obra de Darwin, que el concepto adquirió valor ejemplar y fue extendido, por ejemplo, a la Antropología, en donde la obra de Taylor y Morgan colocaba a las diferentes culturas en un eje que, partiendo de las más primitivas, avanzaba hacia las más civilizadas[28], las que en todos los casos coincidían con los lugares de origen de estos propios antropólogos.

Toda teoría evolucionista en Antropología comienza en "los lentes" del antropólogo[29] y llega a su máximo esplendor, al final de la evolución deseada e impuesta, a la ideología de su mentor. Es decir que al final de la evolución acechan la cultura de la cual provienen (en este caso, anglosajona) y la ideología de estos mismos autores, que, al interior de su propia cultura civilizada, representan el estamento más elevado al ser figuras notables del mundo académico. Es una evolución hacia ellos, hacia los propios Taylor y Morgan.

Transpolar un término desde las ciencias naturales a las sociales siempre conlleva el riesgo de hacer de un concepto científico una noción ideológica. Así ocurrió con estas teorías antropológicas europeizantes, colonialistas y tutoriales (porque los pueblos avanzados tendrían el deber de civilizar a los primitivos para que recorran el mismo camino), y es por ello que fueron fuertemente criticadas por investigadores posteriores de la talla de Malinowski, Lévi-Strauss o Geertz.

En Psicoanálisis, que insólitamente es incluido como una teoría evolutiva más al lado de las de Gesell o Stone y Church, la infancia nunca pasa, por lo que hay que hablar de un *Proceso de Constitución del Sujeto* que se inicia mucho antes de que éste advenga al mundo, en el marco de una trama intersubjetiva en tanto que, en Psicología Genética, su autor, biólogo de profesión, habla de *desarrollo* y no de evolución.

---

28 Los antropólogos evolucionistas, anglosajones en su mayoría, proponían tres estados posibles para las distintas culturas, *salvajismo, barbarie y civilización*.

29 Buscará en las culturas exóticas indicios que pre-figuren un europeísmo al menos incipiente. Medirá la distancia de sus propios supuestos ideológicos, pero, al mismo tiempo, prescribirá formaciones culturales hegemónicas. Buscará, en últimas, reconocer "lo que es" en aquello que "cree ya no ser".

Las investigaciones en Psicología Evolutiva[30] en clave geselliana fueron posibles por el fuerte apoyo económico brindado por la institución universitaria (Wisconsin, Clark y Yale, EE.UU.) a una investigación que podía durar, al menos, 15 años, y por una alianza estratégica entre el investigador, en este caso el propio Gesell, y la institución paterna, ya que decía que el acuerdo para reclutar niños y adolescentes para sus estudios debía ser firmado por los papás, pues las madres se mostraban muy inestables y, en consecuencia, poco confiables.

Una vez acordadas estas cuestiones preliminares, el autor se valió de tres tipos de diseños principalmente: longitudinales, transversales y mixtos, y a través de ellos emprendió la pesquisa de universales en la infancia y en la adolescencia.

Se entendió la evolución, en forma descriptiva, como el resultado de un proceso endógeno con potencialidades innatas que se desenvuelven en interacción con el ambiente y siguiendo una secuencia cronológica más o menos uniforme, y se especializaron en fragmentar la variación cultural dentro de las diferencias individuales, trasladando el núcleo del análisis lejos de las diferencias, y en favor de universales culturales prescriptos.

El primer paso, en tales estudios, sería la *Observación*, en la falsa creencia de que es neutral y objetiva, pero toda observación termina dando cuenta más de las preferencias del observador que de las características del observado. Por otro lado, está sesgada por el particular posicionamiento del investigador en cuanto a los debates en el campo psi.

El paso siguiente era la *Descripción* de las regularidades observadas, suponiéndola también neutral y objetiva. Pero toda descripción tarde o temprano termina prescribiendo aquello que, en un principio, supuestamente sólo intentaba describir.

Las investigaciones gesellianas, inspiradas en la teoría conductista, siguieron una lógica inductivo-probabilística, montada en la falsa creencia de que estudiar a un grupo de sujetos autoriza el poder extender los resultados a todo el universo de sujetos que existieron, existen y existirán. Inductivismo feroz, fuertemente interpelado por autores tales como Popper K., quien en sus críticas al Círculo de Viena decía que no se podía pasar de la suma de eventos singulares a enunciar una osada

---

30 Emilio Mira y López define la psicología evolutiva como la ciencia que comprende la conducta del sujeto individual y puede *anticipar* hacia dónde se dirige el curso de su vida psíquica. A. Gesell considera que las transformaciones evolutivas son *constantes* y, por lo tanto, pueden servir como elemento *pronóstico* y diagnóstico.

generalización inductiva, en tanto que B. Russell, maestro de la ironía, relataba su cuento sobre el "pavo inductivista" para ridiculizar tan inusitada pretensión.

Un niño de 7 años que asiste regularmente al estudio de Gesell ya no representa el universo de todos los chicos de 7 años. Apenas representa el micro-universo de los niños de 7 años que asisten al laboratorio de Gesell. Es decir que termina siendo un producto químicamente puro del propio dispositivo de investigación: un mini gesellito.

Al final de la evolución, el descriptor ya no está más por delante o por arriba del descripto, sino que está "en él", habitándole. Es la encarnación viva de una evolución bien transcurrida y supervisada por especialistas idóneos. Arnold Gesell es así a la psicología evolutiva lo que Taylor y Morgan fueron a la antropología. Espera, al final de la evolución, que los otros lleguen a ser lo que él ya es. Un adulto evolucionado. El niño transitará de ser un salvaje a ser –al fin– un adulto civilizado.

¿Es posible estudiar la infancia, la adolescencia y la juventud prescindiendo de las diferencias inter e intraculturales, de los procesos históricos (ser niño antes y después de la televisión, de la PC o de las redes), de las posiciones sociales, de las nuevas condiciones de época, los cambios generacionales y su impacto decisivo en los procesos de subjetivación?

No. Rotundamente no se puede.

Pues, cierta concepción evolutivista así lo hizo. Dice Jerome Bruner:

> (...) las verdades de las teorías del desarrollo son relativas a los contextos culturales a los que se aplican (...) hay además una relación de concordancia con los valores que predominan en esa cultura. Es esta concordancia la que les da a las teorías del desarrollo, propuestas inicialmente como simples descripciones, un aspecto moral una vez que se han incorporado en la cultura general. (1996, p. 138).

Tampoco es posible desconocer u omitir el hecho que alguien se constituye como sujeto en su paso por las instituciones (familia, escuela), que no se trata de un proceso que transcurra por fuera de ellas y que todo sujeto lleva en su cuerpo, en su historia y su psiquismo, las huellas de tan singular travesía.

La infancia, en tanto categoría conceptual situada, se produce en tales instituciones (familia y escuela) que durante siglos formatearon modos de ser y estar en el mundo. Cada cultura, cada época construye una concepción particular sobre lo que es la infancia, y en función de ella, estipula su comienzo y su final. Ese tiempo, supeditado a lo que se considera infancia, se llama niñez.

La mirada evolutiva, además, se ocupó de bastardear los aportes de dos grandes teorías psicológicas, el Psicoanálisis, tomando de él exclusivamente las fases de desarrollo de la libido, y la Psicología Genética, haciendo de Piaget el señor de los estadios y etapas.

No es lo mismo hablar de fase, período o de etapa, ni es lo mismo hablar de evolución que de *"desarrollo"*, como es en el caso de Piaget, o de un *"proceso de constitución del sujeto"*, como es en el caso del Psicoanálisis.

No se puede tampoco hacer de Piaget un psicólogo evolutivo enseñando sólo la dimensión genética de sus descubrimientos y dejando de lado la estructural. Un verdadero acto de estafa académica: si prescindimos de la dimensión estructural, hacemos de Piaget un investigador evolutivista más, y si prescindimos de la dimensión genética, lo transformamos en un gestáltico. Su teoría es estructural, genética y constructivista.

Psicometría y Psicología Evolutiva (podríamos agregar a esta lista también las teorías motivacionales) han producido, entonces, estragos en la formación de los psicólogos, pedagogos, maestros y profesores, al reducir lo social a lo ambiental, lo subjetivo a lo individual, lo corporal a lo orgánico, lo psíquico a lo cognitivo, y lo cognitivo a lo cerebral y, desde allí, a lo molecular.

Tal mirada evolutiva fue congruente respecto de la educación que fue y de la escuela tradicional, fundada en la cronología, la gradualidad, la anualización y la homogeneidad que ésta suponía.

Una fantasía sustentó esta alianza entre Pedagogía, Didáctica del dominio y Psicología Evolutiva, esto es que, si el docente sabía el contenido, y sabía, además, *cómo enseñarlo*, sólo faltaría que el psicólogo evolutivo defina en qué momento exacto dicho contenido debía ser enseñado. Un calendario preciso al servicio de una enseñanza eficaz y eficiente. Así, los conceptos de isobara e isoyeta, por ejemplo, tendrían que ser enseñados a los 14 años, 5 meses y tres días.

¿Cómo fue transmitida esa Psicología en la formación de psicólogos, psico-pedagogos y docentes? ¿Y qué extraña paradoja se vislumbra al constatar que, en las carreras de formación de psicólogos, psicopedagogos o maestros, los programas de Psicología Evolutiva son los que menos "evolucionan?, que hace ya muchos años que no varían? ¿Qué enseñan sus contenidos sin dar cuenta que la psicología no es un gran texto escrito en colaboración por varios autores, sino un campo en el cual proliferan teorías con desarrollo desigual, con objetos formales diferentes y con filiaciones epistemológicas, filosóficas, históricas y antropológicas de muy diverso orden?

En realidad, se persiste en querer suturar las diferencias, o en suponer una continuidad conciliadora entre el deambulador geselliano, el sujeto epistémico piagetiano y el perverso polimorfo freudiano, todo ello graficado en un disparatado cuadro de doble entrada, recurso didáctico que se usó hasta el hartazgo.

Edades	Gesell	Stone & Church	Piaget	Wallon	Freud
0 a 2					
2 a 4					
4 a 6					

Es indudable el beneficio de un esquema que en su dimensión horizontal (poco respetuosa de los contrastes entre las distintas perspectivas) permite agregar nuevas columnas a medida que aparecen nuevos autores, en tanto que en su dimensión vertical permitiría ir precisando cada vez más (por semestre, por bimestre, mensual o diariamente, la evolución "completa" de cada niño). Es asimismo notable la fascinación que ejercen los números pares, con la supuesta idea de que los cambios más significativos se dan bi-anualmente. Hay un proverbial rechazo por los números impares en el mundillo de los psicólogos evolucionistas.

Por otro lado, en las facultades de Psicología se hace cada vez más notorio el avance insidioso de los enfoques biologistas –de la mano de los doctores precoces, partidarios de la super-especialización, del saber mucho sobre poco, de los desafíos cognoscitivos minimalistas, de los *papers* reciclados circulando raudamente por los intrincados pasadizos de la selva académica–, y que quieren transformar a la ciencia psicológica en una excrecencia del discurso médico, un epifenómeno, y al psicólogo en un mayordomo calificado del neuro-pediatra.

No se nace siendo Sujeto. Uno se hace Sujeto en una trama intersubjetiva, en su paso por instituciones (familia, escuela, mundo del trabajo), en determinadas condiciones de época, en posiciones sociales que dependen de la estructura y volumen de los capitales acumulados, y en un mundo mediado por adultos significativos, y las huellas de tan singular recorrido, quedan impresas en el cuerpo y en el psiquismo.

Infancia, adolescencia, juventud, en consecuencia, son conceptos relacionales y situados. Es por ello que las investigaciones más interesantes hoy son psico-socio-histórico-culturales, que dan cuenta tanto de aquello que no varía (invariantes) como de aquello que sí varía, evitando así las trampas del universalismo evolutivista como las del historicismo[31] que habla de infancias y adolescencias múltiples descartando las invariancias.

> [Niños], Adolescentes y Jóvenes no son independientes del complejo entramado de instituciones (función paterna y materna, escuela, mundo del trabajo, *mass media*, industria cultural) que los atraviesan, que dejan sus huellas en ellos y que también imponen sus propias representaciones. Son categorías arbitrarias y relacionales en tanto dependen del universo simbólico instituido en un concreto histórico social, y decisivamente del mundo de los adultos significativos. Además, no están distribuidas igualitariamente por regiones y por clases sociales: encontramos sectores en donde hay sobre abundancia de niñez o adolescencia y otros en los que están ausentes. (López Molina, 2013, p. 91).

La Psicología Evolutiva creó la ficción del niño normal y sano, al mismo tiempo que prescribió cuál sería su reverso especular, el niño anormal y enfermo. De un lado, la Psicología del niño, del otro, los trastornos generalizados del desarrollo.

6. *Caída del decorado moderno y Análisis crítico de las Nuevas condiciones de época*

La instauración de la Modernidad trajo aparejado que, a partir de ese momento, el cielo, la divina providencia o los autores clásicos ya no explicarían lo que sucediera en la Tierra y en el mundo de los hombres, ni sería la sola invocación del nombre de Aristóteles garantía de que algo fuera verdadero. Ahora la ciencia se haría cargo de esa va-

---

31 Riesgo del historicismo, que no reconoce invariantes en los procesos de subjetivación y que considera que todo se resuelve situacionalmente. *"Apelar a las condiciones y atravesamientos en la producción social de experiencias subjetivas nos devuelve la posibilidad de incluir al niño en un devenir histórico y social concreto en cuya trama se tejen experiencias y se construyen subjetividades desde una postura activa y a la vez frágil, en la cual* un excesivo énfasis en las figuras de las nuevas subjetividades, deja demasiado en manos del niño y del adolescente, *la producción de una experiencia que es social y subjetiva a la vez (...)"* (Ávila, Romera, *et al*, 2015, p. 283).

cancia pudiendo explicar, a través de leyes indubitables, hechos, fenómenos y procesos antes considerados sobrenaturales. El concepto de verdad por correspondencia entre lo percibido y lo enunciado pasará a ser más relevante que aquel otro basado en el principio de autoridad, el que persistirá, no obstante, hasta nuestros días en formas más o menos solapadas. Con esta ilusión ratio-cientificista se inicia un proceso de "laicización del mundo y del pensamiento", tratado por Max Weber *(1864-1920)* en *La ética protestante y el espíritu del capitalismo* (1905).

La Modernidad es el mega-proyecto[32] humano que busca imponer a la Razón como norma trascendental. Implica una profunda mutación ontológica que transforma radicalmente el sentido temporal de la legitimidad, en el sentido de que es ahora el porvenir el que condiciona al presente y no ya el pasado, con el cual se promueve una ruptura radical. Empero, para ser justos, hay que leer J. Huizinga, Le Goff u otros medievalistas para reconocer que la Edad Media no fue tan oscura como la consideraron los pensadores iluministas, y que sus huellas impregnaron las instituciones creadas por la nueva sociedad disciplinaria y secular.

Es a partir de la obra de Descartes que comienzan a instalarse las metáforas prototípicas de la Modernidad: la razón científica que desplaza a la Fe en la explicación última del mundo, y que es homologada a la luz que ilumina los sectores más recónditos de lo real; el encumbramiento de la ciencia, que desplaza a la religión y el concepto de ley científica, que se muestra como relevo del de milagro: así, por ejemplo, el objeto que un cierto sujeto tiene asido en su mano se cae si lo suelta, la luna sin embargo está suelta en el espacio pero no se cae, y eso lo explica una ley física que da cuenta de lo que ocurre tanto en la tierra como en el universo.

También corresponden al pensamiento moderno la confianza en el *progreso, en la idea de emancipación,* y el *maquinismo,* ideal concretado en la "máquina", que representa la obra *prínceps* de la inteligencia humana. Pensadores "iluministas", que desde esa posición –y haciendo suyas las expresiones propias de la herencia cartesiana sobre la *lumi-*

---

32 "Proyecto" proviene del latín "*iacio*" (arrojar) y "pro" (hacia delante). Significa literalmente "lanzado-hacia adelante" e indica el signo de orientación temporal que asume la modernidad como propio para reordenar todas las esferas de la vida. Una subjetividad estructurada por un proyecto supone la preeminencia del futuro sobre lo presente y lo pasado.

nosidad, la *claridad* y la *distinción*– pondrán el nombre de Edad Oscura al tiempo precedente[33].

Las revoluciones científicas producidas en las últimas décadas del siglo XIX y las primeras del siglo XX confirmarán tan prometedor porvenir: Einstein, Darwin, Russell & Whitehead, Lavoisier, con grandes descubrimientos en la Física, la Biología, la Lógica y la Química respectivamente.

En el caso de la Psiquiatría, tres grandes obras de autores fundamentales producen el "giro dinámico": Freud con *La interpretación de los sueños* (1899-1900), Bleuler con su texto sobre las esquizofrenias (1911) y Jaspers con su tratado de *Psicopatología general* (1913).

Con la laicización del pensamiento emerge, sin embargo, un nuevo problema que atraviesa los días por venir:

> ¿Cómo hacer para que los hombres puedan vivir juntos y convivir pacíficamente en un mundo en el que los dioses han perdido el protagonismo de otrora para marcar los destinos de las sociedades y de la vida de los seres humanos?

Aquí, el Estado Moderno se hace fuerte, crea clasificaciones, instituciones, burocracia, el Código, la Ley, y produce estructuraciones de sentido que van cuarteando el ciclo vital. El poder imperante por entonces va a producir rupturas discrecionales en el flujo del tiempo cronológico, aunque éstas resultarán coherentes con los discursos que tiñen la época en cuestión. Luego los dispositivos institucionales creados se encargarán de legitimar y hacer parecer como regular aquello que en un principio fue arbitrario y discrecional.

El Estado crea instituciones donde la edad cronológica y el género determinarán en cuál de ellas el sujeto será capturado. Nadie se subjetiva, nadie se hace sujeto por fuera de ellas. Sólo la Psicología Evolutiva parece darse el lujo de desconocer esto.

Se crean, por un lado, la *escuela*, el *cuartel* y la *fábrica*, mientras que, por otro, se inventan aquellas que se encargan de las disrupciones momentáneas o permanentes en ese *continuum* hogar-escuela-mundo del trabajo: el *hospital*, la *cárcel* y el *manicomio*. También se crean el Dere-

---

33   Una tenue reacción provendrá de las humanidades de la mano del Romanticismo, movimiento que deja sus profundas huellas en la poesía, la música y la narrativa. Lord Byron, Schiller, Liszt, Schumann, Chopin, Schubert, Goethe, Víctor Hugo son algunos de sus nombres propios. Son ellos quienes dirán que lo que caracteriza al hombre es la pasión, la imaginación, lo inconsciente, lo onírico, y no la razón.

cho, el Ejército, la burocracia administrativa, el sistema impositivo y la diplomacia, entre otros.

El Estado, institución de instituciones o tablero de las instituciones, como lo llama Lewkowicz (2006, p. 171), es el gran impulsor. Un suturador formidable en épocas de crisis, como ocurrió con las posguerras del siglo pasado. Imprescindible en los años de la reconstrucción europea. Testigo molesto en los 90.

La institución primera será la familiar. Función materna y paterna, abrochando amor y obediencia, prohibición y habilitación, asirán al cachorro humano e irán moldeando su personalidad en función, también, de la concepción de infancia imperante, e irán preparándolo para su incorporación al escenario escolar. La escuela tomará a ese niño, le inculcará un arbitrario cultural legitimado e irá modelando así al futuro ciudadano y al trabajador que reemplazará a sus padres en los puestos de trabajo.

En la escuela, ese niño accederá a un saber disciplinario, al mismo tiempo que será disciplinado frente al saber.

El proceso de laicización del pensamiento, sin embargo, trajo aparejado consigo aquello que Max Weber denominó el "des-encantamiento del mundo" (*Entzauberung der Welt*). El mundo parece perder algo del viejo encanto, y algo de sentido. Ya los dioses no se entrometen en la vida de los hombres (*hierofanía*), ni usarán a estos como marionetas para dirimir sus diferencias. Ya no se encuentran ninfas en los bosques, ni sirenas en los ríos y mares, y el mundo se desembaraza raudamente de sus creaciones mágicas. La ciencia, por su parte, que procura beneficios incuestionables, pareciera empero no resultar propicia para la producción de sentidos colectivos porque, a decir verdad, nadie se emociona hasta las lágrimas leyendo la tabla periódica de los elementos de Mendeléyev o investigando la función de la mitocondria.

Por otra parte, en la Modernidad secular, en el mundo del trabajo ya no se desempeña la labor en la propia vivienda, sino que hay que salir de ella para desplazarse hacia la fábrica o el taller.

El tiempo en los espacios laborales de la modernidad se hace tayloriano, al ritmo del parcelamiento, de las tareas al detalle, de las maniobras repetidas automáticamente, y paso a paso, se va adecuando a las regulaciones que el Estado y el capital imponen.

Son los tiempos de la sociedad salarial (Castel, 2010), cuando las actividades y su duración son marcadas por el cronómetro, controlando en cada ámbito el detalle, el instante y la tarea correspondiente.

El tiempo se hace aritmético y el espacio, geométrico. Hay que evitar el paro. El tiempo debe aprovecharse al máximo. El porvenir lo convoca. Hay que hacer el esfuerzo en el presente y ahorrar para el futuro. Así lo testimonian la iconografía, los refranes o las lecciones escolares. El deber manda, el placer viene después, y no pocas veces acarrea culpa. El tiempo se hace medido, se cronometra y se pone al servicio de la productividad capitalista[34].

> Se trata de un tiempo cronometrado que se hace cuerpo, se hace, más precisamente, fisiología. (López Molina, 2015, p. 41).

El breve recorrido histórico sobre lo que fue la Modernidad permitió ver que ésta hizo del tiempo parte sustancial de los dispositivos institucionales creados por el Estado:

- **Tiempo en el hospital**, de búsqueda etiológica (hacia el pasado) de diagnóstico (en el presente), tratamiento y pronóstico (hacia el futuro) y, en base a ello, tiempo que se hace internación a tono con el *cursus morbis* previsto.
- **Tiempo en la escuela**, que es regulado por los dispositivos de enseñanza y de disciplinamiento. Tiempo de escolarización continuo, previsible y graduado en sus contenidos, en sus actividades y en la anualización de los grados de instrucción.
- **Tiempo de ocupación en la fábrica**, de actividad regulada al instante. No se trata de un tiempo circular, de eterno retorno, sino de rutina repetida hasta el hartazgo y bajo vigilancia estricta no sólo del capataz, sino, también ahora, del psico-técnico.

> La descomposición anatómica de los gestos, el parcelamiento de las tareas, la repetición de las maniobras, la automatización del movimiento, la medición del trabajo, la vigilancia del jefe, todo esto incrementó enormemente la producción. (Abraham, 2000, p. 116).

Empero, avanzado el siglo XX, las grandes guerras, y en especial la segunda, se llevaron a la rastra algunas de las promesas modernas. La

---

34 Como lo mencionamos en un texto anterior (López Molina, 2008), el ahorro es un tema familiar, escolar y estatal. Implica una concepción de tiempo, de porvenir y de Estado, en donde el presente es de sacrificio, de atesoramiento y guarda, en pos de un futuro de concreciones. Exactamente al revés de lo que sucede con la posmoderna tarjeta de crédito, que permite disfrute en el presente y postergación del pago para después, es decir que el deber es ahora lo postergado.

crisis se aceleró hacia las dos últimas décadas, cuando los procesos de globalización económica, des-territorialización cultural y macdonalización de los consumos, entre otras cuestiones no menos relevantes, rompen con esa matriz centrada en el Estado, lo que como corolario produce una desarticulación progresiva de todo el entramado institucional.

Entre tanto va ganando protagonismo un mercado mundial en expansión, con flujos de dinero que producen más dinero y que circulan velozmente de una región a otra del planeta.

En los nuevos tiempos de la liquidez, éste se torna discontinuo, fragmentario, múltiple e instantáneo. En ocasiones parece emparentarse con el uso que se hace de él en televisión y asume una lógica televisiva en la que cada treinta minutos o cada hora se van sucediendo diferentes programas: novelas, series para adolescentes, programa de juegos, noticieros, unitarios. Cada hora se corresponde con una propuesta que no tiene nada que ver con la anterior ni con la que sigue. Lógica sin acumulación, lógica de sustitución. Sobre este punto, y tal como mencionamos en un artículo (López Molina, 2015), los niños y jóvenes, haciendo suya esta lógica, interrogan persistentemente a sus padres luego de realizar alguna actividad muy demandada durante días y al fin concretada: "Y ahora, ¿qué hacemos...?". La nueva actividad sustituye a la anterior, que ya perdió sentido en tanto "ya fue, ya pasó...".

La crítica feroz y destituyente al Estado benefactor, la primacía de la operatoria del mercado y el triunfo del neo-liberalismo de la mano de Milton Friedman (1912-2006) constituyen el triunfo del capital financiero (que se llevó a la rastra el concepto de lo público), no destinado ya a la producción de bienes y servicios, sino a la especulación monetaria.

Muchos países por esos años, adaptaron sus políticas a las "sugerencias" formuladas por el "Consenso de Washington", que incluían medidas tales como:

- achicamiento del Estado,
- desregulación financiera,
- flexibilización laboral,
- disminución del gasto público,
- apertura económica, y
- privatizaciones de las empresas del Estado

Por la aplicación de tales prescripciones, se producen profundos cambios que afectan a todo el tejido social, y sus repercusiones son muy fuertes en el mundo familiar, en el campo educativo y en el mundo del trabajo.

El discurso hegemónico pasa a ser ahora el de la Economía, que hasta entonces no era más que una herramienta de la política; el mundo comienza a ser descifrado en clave económica, y la política, por años, quedará subordinada a ella en un verdadero giro copernicano[35].

Ahora bien, no hay que olvidar que la Economía es una ciencia social, y que, por lo tanto, no es ni exacta como las formales, ni precisa como las naturales, sino que es *conjetural*. No obstante, cuando sus representantes acuden a los medios de comunicación, la plantean como una ciencia exacta, ni siquiera precisa, y hacen sus recomendaciones y pronósticos oraculares con la convicción de un químico.

El empleo informal (precario e inestable, de tiempo parcial, el cuenta-propismo que perjudica a muchos jóvenes) y el crecimiento del desempleo parecen desplazar al empleo asalariado (estable, de jornada completa, remunerado, con contrato por tiempo indeterminado, posibilidades de hacer carrera, y con beneficios de seguridad social) del centro de la escena de las relaciones laborales. Pasamos a vivir en la sociedad Post-Salarial, como la define Castel R. (2010), en la que el brazo izquierdo del Estado queda amputado mientras que el derecho trabaja a destajo.

Esto interpela y obliga a pensar los efectos sociales, políticos y subjetivos que tienen los cambios en el mundo laboral de hoy, liberado ya de las limitaciones que le imponían el espacio y el tiempo, y sobre su lugar en la vida social y en la construcción de identidades.

En la nueva Sociedad Post-salarial, los valores que cuentan tienen que ver con la competencia, la flexibilidad, el trabajo a término, la versatilidad y la fidelización, entre otras, y el empleado debe mostrarse emprendedor, activo, versátil, colaborador:

> Hay una política de la subjetividad que incluye un control de las emociones. La oportunidad de las sonrisas (...) el medido entusiasmo. (Abraham, 2000, p. 60).

Ya no tiene, necesariamente, horarios definidos de comienzo y final, sino que ahora son tiempos flexibles, lo que quiere decir que pueden empezar o terminar en cualquier momento, por lo que el sujeto debe encontrarse en un permanente estado de alerta. Se trata, además, de

---

35 *Es la economía, estúpido*: slogan de la campaña que llevó a Bill Clinton al poder.

un tiempo en que se rompe la secuencia "tiempo de trabajo/tiempo de ocio", que es reemplazada por "tiempo de empleo precario/tiempo de desocupación". La disponibilidad permanente se transforma, en tales condiciones, en un factor estresogénico y no sorprende, entonces, que millones de personas vivan sitiadas por la ansiedad, la depresión o la des-esperanza.

Según Franco Berardi, citado por M. Fisher:

> El capital ya no recluta a las personas, sino que compra paquetes de tiempo, separado de sus portadores, ocasionales e intercambiables. (Fisher, 2016, p. 133).

Sin embargo, la Post Psiquiatría hace caso omiso de tales mutaciones familiares, escolares y laborales, y elige poner el foco en la interioridad y en su química cerebral para encontrar las fuentes del estrés (*privatización del estrés*, le llama Fisher).

La sociedad capitalista neo-liberal produce e inventa enfermedades, crea eufemismos (flexibilidad laboral por precarización, por ejemplo), declama igualdad de oportunidades en sociedades cada vez más desiguales, culpabiliza al enfermo, al trabajador y al niño porque no prestan la atención debida al adulto, y resuelve todo eso dejando indemne al sistema, y propone como salida individual el consumo desenfrenado de ansiolíticos, antidepresivos o anfetaminas. Negocio redondo. Fabricar estados de ánimo se transformó en una fuente inagotable de ingresos.

En el mundo del trabajo, el concepto de *carrera* se hace obsoleto y los recorridos laborales antes longitudinales, y hasta en ocasiones, hereditarios se transforman en transversales: los trabajadores y gerentes circulan de una empresa a otra y por períodos cada vez más cortos. Lo anterior persiste en ciertos nichos del Estado a tono con el poder de *lobby* que poseen y ejercen algunos sindicatos.

Ulrich Beck, Robert Castel, André Görz, Richard Sennett, Marc Augé, Paul Virilio, Jean Baudrillard, Marc Augé o Zygmunt Bauman, entre otros, son autores claves para entender la sociedad posmoderna y las consecuencias del capitalismo contemporáneo en fase neo-liberal.

La mayoría de ellos coinciden en señalar que las grandes instituciones sociales, herederas del Estado Moderno, perdieron potencia regulatoria y, en conjunto, dejaron de proporcionar la sólida armazón estructuradora de antaño.

Se pasó del exceso de institución, con un peso mayúsculo de lo instituído sobre lo instituyente, al déficit de institución, con una crítica que en ocasiones es des-enmascaradora, pero que en otras adquiere un matiz francamente destituyente y catastrofista, que anuncia temerariamente la muerte de algunas de ellas: del hombre, del Estado, la familia, la escuela o el trabajo. Si el exceso institucional genera neurosis y cuotas extras de malestar subjetivo, la declinación deja a la deriva del sinsentido y abre paso a los catastrofismos[36].

Si en tiempos de solidez se sufre por sujeción, encierro y vigilancia, en la era de la "Modernidad líquida"[37] (Bauman, 2002) se sufre por la dispersión, el empobrecimiento simbólico y por desamparo. Tanto el exceso de Institución como su ausencia son francamente de-subjetivantes: una coarta todo deseo, la otra, lo torna obligatorio; una, genera obediencia ciega y alienación, la otra abandona en la crueldad de la intemperie.

Para el sociólogo polaco, la "fluidez" o la "liquidez" son metáforas que dan cuenta del estado cambiante de la condición humana en la nueva sociedad capitalista en la que los sólidos conservan su forma y duran, mientras que los líquidos son informes y constantemente fluyen, como los capitales. Esto produce pérdida de las certezas de antaño, lo que abruma fuertemente a la sociedad del presente y del porvenir.

El fin de las certezas, la licuefacción de los sólidos y *"el avance de la insignificancia"* (Castoriadis, 1997) traen a cuentas una expresión de la lengua alemana muy fértil para describir el sentimiento posmoderno que prolifera por doquier: *Unsicherheit*, asociado a incertidumbre, inseguridad y vulnerabilidad.

Tiempos en que prima, al decir de Lipovetsky, en *El imperio de lo efímero* (2002), una lógica post-moralista y edulcorada, una Ética minimalista que no intenta vencer al deseo sino des-culpabilizarlo, y que conlleva una fuerte tendencia a privilegiar el placer y la seducción por sobre la prohibición, el deber o la obligación.

El mercado aprovechará los espacios vacíos actuando como un analista sapiente que reconoce que el deseo es inagotable, e inundará el espacio social con productos *gadget* (cuya posesión acarrearía —supuestamente— una gran cuota de felicidad al oportuno cliente) e irá ocupando

---

36 Curiosa costumbre instalada en la academia universitaria la de usar la muerte como metáfora: primero fue la muerte de Dios, luego la del Hombre, hoy la de la Familia, la Infancia, la escuela o el trabajo. La muerte como metáfora del declive de las instituciones y como manifestación nostálgica de los tiempos idos.

37 Para el sociólogo polaco Zygmunt Bauman, la "fluidez" o la "liquidez" son metáforas adecuadas con las cuales pueden explicarse las nuevas condiciones de época en comparación con los tiempos sólidos propios de la Modernidad.

el lugar de prácticas que en otras épocas convocaban a muchos jóvenes: la militancia política, la discusión ideológica, la religión, la preocupación por los sectores más vulnerables, entre otras[38].

> El capital es un parásito abstracto, un gigantesco vampiro, un hacedor de zombies; pero la carne fresca que convierte en trabajo muerto es la nuestra y los zombies que genera somos nosotros mismos. (Fisher, 2016, p. 39).

Por otra parte, el imperio de los *mass media* y las industrias culturales del entretenimiento permanente, fortalecidos en su rol performativo, han extendido en la sociedad la cultura del hedonismo obligatorio y el mito de la libertad individual (reducido a la posibilidad de elegir productos en una góndola), pregonando la indiferencia hacia lo público y priorizando el presente por sobre el pasado y el futuro. Bajo tales condiciones, las *industrias culturales* imponen al psiquismo la falsa idea de que el sujeto perteneciente a cierto sector social es libre de elegir aquello que consume. Induce a creer que eligió autónomamente qué película ver, cómo modelar su cuerpo, cómo hablar, cómo manejarse en el mercado del deseo, qué ropa usar, qué cosas comprar, cuando que en realidad está respondiendo inconscientemente a los mandatos de la publicidad y las estrategias del marketing.

Mark Fisher denomina estado de *hedonía depresiva* al que afecta a la subjetividad posmoderna, que no tiene que ver con la incapacidad de sentir placer (anhedonia), sino *"con la incapacidad para hacer cualquier cosa que no sea buscar placer"* (Fisher, 2016, p. 50).

En el capitalismo des-localizado y de alta volatilidad que prima en esta época, el tiempo se hace disperso, discontinuo e incontrolable. El presente se suelta del pasado. Las lecciones ya no se leen en libros escritos tiempo atrás, sino que ahora vienen de las innovaciones tecnológicas y de los *mass media*.

Tiempo desanudado, presente sin ataduras con la historia y la tradición. Se trata de vivir en él perdiendo el sentido de continuidad histórica y sin preocuparse por tradiciones juzgadas como ya perimidas. Tiempo que se suelta también del futuro. Ya no hay relatos que tiren de él. La salida es individual, no ya colectiva, y el porvenir, incierto.

---

38 "(…) *vivimos en un tiempo muy ingenuo, por ejemplo, las personas compran productos cuya excelencia es anunciada por los propios vendedores. Eso me parece una prueba de ingenuidad* (…)" (Reportaje a Borges).

Ante la sensación de vacío como corolario del debilitamiento de las instituciones y las profundas transformaciones en el espacio y en el tiempo, afloran nuevos malestares (trastornos de ansiedad, adicciones a sustancias legales e ilegales, trastornos alimentarios, cuadros *borderline* o psicosomáticos), y se acrecienta la búsqueda a tientas de narrativas que procuren algún sentido al vivir (neo-religiones, horóscopos, flores de Bach, libros de auto-ayuda, consumo de psico-fármacos y otros).

> Los procesos de constitución subjetiva —si bien presentan algunas invariantes— están íntimamente vinculados con las condiciones de época, (...) de modo que cuando estas mutan fuertemente, aquellos se ven a su vez modificados. (López Molina, 2015, p. 52).

A partir de los extraordinarios cambios acaecidos entre las décadas finales del siglo XX y el nuevo milenio, podemos afirmar que aquellos procesos hoy transcurren en tiempos de liquidez, en el marco de relaciones no jerárquicas, donde la concepción de autoridad ya no es la misma y en condiciones en las que el Estado y sus instituciones ya no brindan la protección y la seguridad de otrora.

> Hoy, el mundo adulto en crisis, pone en riesgo los procesos de subjetivación de niños y jóvenes.

El de hoy es un adulto claudicante, que en las publicidades o programas televisivos es mostrado de un modo degradado. Es el padre de *Los Simpson*, una figura sin autoridad y fácilmente ridiculizable.

Del Padre autoritario, amo absoluto de la vida y la muerte de su familia, con derecho de matar a sus hijas no primogénitas en Roma, por ejemplo) pasamos al Padre des-investido. Del monarca absoluto, al rey desnudo, sin las atribuciones del mando. Uno lleva al sojuzgamiento, a la neurosis o a la locura, el otro genera desamparo, al proponerse como par y al negarse a ejercer su función de terceridad estructurante, de sujeción, prohibición y habilitación al mundo exogámico.

La función paterna, que representa para un niño su primera cita con la autoridad[39] sufrió, en Occidente, un proceso de fuerte declinación, del

---

39 No olvidemos a este respecto que la palabra "Padre" etimológicamente se vincula con patrón, patria, potestad, pontífice, papa, patrimonio y patricio, y que el sentido que asume allí la palabra autoridad no está necesariamente ligado a poder, jerarquía o dominio, sino a la posibilidad de poder producir cambios en el otro, porque ese otro así lo permite al reconocerlo como autoridad.

cual han dado cuenta algunos trabajos de Lacan J. y Julién P., entre otros, pasándose al cabo de los siglos, y a resultas de diversos hechos históricos significativos (Revoluciones Burguesas, Modernidad, *welfare state*, etc.), de un Padre amo, omnipotente y todopoderoso, que "es" la ley y todo lo prohíbe, a un Padre minimalista, miniaturizado, claudicante y desnudo[40], es decir, sin ley, que nada prohíbe y que obliga a desear (de Ben Cartwright a Homero Simpson).

Respecto del tiempo, y tal como fue tratado en otro libro (López Molina, 2015), el presente se desligó de la tradición y se puso a distancia tanto de la historia como del porvenir. Presente des-ritualizado, por un lado, presente sin anudamientos con el porvenir por el otro, al haber caído los grandes relatos (J.F. Lyotard, 1987). Ni rituales que *"tiren del pasado"* ni relatos que *"tiren del futuro"*. Presente suelto, instantes que suplantan a instantes. El "ya fue" para atrás, la incertidumbre hacia adelante. Tiempo des-anudado, sin duración, sin historia, alejado de la tradición y de un porvenir cierto.

> Lenina movió la cabeza —El *fui* y el *seré* me pone triste —citó. Toma un gramo, uno sólo y él *es*, verás. Al fin le convenció para que se tomara cuatro tabletas de soma. Al cabo de cinco minutos, raíces y frutos habían desaparecido; sólo la flor del presente se abría, lozana. (Huxley, 1985, p. 93).

La flor del presente de la que habla Lenina se materializa en el rostro del que ingiere la pastilla brindada por el estado, en una sonrisa evangélica y beatífica, propia de un vendedor de celulares o un repartidor de biblias en las mañanas de los días domingo.

Soma de la posmodernidad, el fármaco es aquella droga administrada para que, con una sensación de felicidad, el devenir social siga con regularidad su curso. Su consumo temprano y sostenido la hace proclive a generar conductas adictivas, al ubicar una pastilla como modificadora de las actitudes vitales de un cierto sujeto.

Si el concepto de instante, del latín *instans*, remite a porción brevísima de tiempo, a aquello que insta, que urge y da cuenta del presente instantáneo, el de duración, en cambio, nos remite, en primera instancia,

---

40 *"Noé, labriego, comenzó a plantar una viña, se embriagó y se desnudó dentro de su tienda. Cam, padre de Canán, vio la desnudez de su padre y habló con sus hermanos, que estaban afuera. Sem y Jafet, tomaron un manto y poniéndolo sobre sus hombros, retrocedieron de espaldas a su padre y cubrieron su desnudez. Con el rostro vuelto, no vieron la desnudez de su padre"* (como se cita en Julien, 1993).

a *durus,* que se vincula con lo firme y duro. Se trata de un cuerpo sólido que se resiste a ser labrado, rayado o desfigurado. El sufijo *-ción* indica acción o efecto de…, en este particular caso, acción y efecto de durar, seguir siendo, persistir.

Interesantes acepciones que permiten afirmar —osadamente, quizás— que mientras *instante* se vincula al presente desanudado, instantáneo, que insta y urge (a consumir, a estar divertido, a pasar de un evento a otro sin acumulación alguna), a lo que Lipovetsky llama *"imperio de lo efímero",* esto es, *ephemeros* (aquello que dura un día o lo que dura la luz del sol), *duración* se corresponde más con el espíritu de las luces, con lo duro y sólido, con aquello que persiste y se resiste a ser transformado[41].

Dice Remo Bodei, filósofo italiano, en *La chispa y el fuego*:

> (…) el yo de la Modernidad hecho de acero y cemento se ha transformado en un yo de plástico biodegradable. En un yo *video tape* que se cambia según las circunstancias. En "la era de la dominación de las conciencias" el poder disciplina nuestra subjetividad banalizando la experiencia donde el dolor y el conflicto dejan de ser una fuente de energía. Por el contrario, hay que evitarlos. El consumo de bienes, alcohol, o tranquilizantes, la dependencia de los medios de entretenimiento, es lo que ofrece la cultura para que anestesiemos nuestra subjetividad. (2015, pp. 51-52).

Las nuevas condiciones de época produjeron también cambios profundos tanto en la escuela como en la institución familiar. En el primer caso podemos decir que, entre otras, las mutaciones más significativas fueron:

- una marcada pérdida de la hegemonía en los procesos de transmisión cultural al surgir competidores mucho más poderosos como la televisión, los medios y las nuevas tecnologías;
- un manifiesto desacople entre la experiencia escolar y la experiencia Infantil y adolescente, y
- una agudización de la distancia social, cultural y lingüística en sociedades cada vez más desiguales y segmentadas, lo que hace *exótica* la experiencia escolar de estudiantes provenientes de sectores

---

41 *"¿Y si los desórdenes en la memoria no fueran sino la consecuencia de una parálisis en el sentido de la temporalidad y la sensación de estar viviendo dentro de un presente continuo sin comienzo ni fin, día tras día?"* (Fisher, 2016, p. 13).

populares, para quienes más que promesas de un futuro mejor, lo que se les presenta ante sus ojos es la amenaza de la repetición de la biografía de sus progenitores.

Para adolescentes y jóvenes provenientes de sectores de pobreza estructural, *la escuela es, entonces, la única posibilidad con la que cuentan para poder escapar a sus condiciones objetivas de existencia.*

O la escuela le otorga *sentido* a su paso por ella, o el *destino* se torna inexorable. No casualmente tales palabras, *SENTIDO* y *DESTINO*, son anagramáticas.

La escuela de hoy se muestra en ocasiones impotente para romper con la homogeneización y atender a la pluralidad de trayectorias reales de los estudiantes. Esto se patentiza de un modo mucho más claro en el caso de las escuelas secundarias[42], en las que el profesor nada sabe de sí mismo (poco y nada se investiga sobre la psicología del que enseña), poco y nada sabe del adolescente de estos tiempos, y hasta espera poco de él.

Ante su presencia perpleja –porque las claves aprendidas en su formación ya no alcanzan para descifrar las manifestaciones, en apariencia insólitas de sus estudiantes, y no sabiendo dónde buscar otras más ajustadas a estos nuevos sujetos– los escenarios escolares se van poblando de nuevos personajes que vienen a insertarse en el justo medio del vínculo maestro-discípulo: integradores, acompañantes terapéuticos, tutores, consejeros, coordinadores de curso, etc.

Si los cambios en la escuela y en el mundo del trabajo fueron de una enorme relevancia, los acaecidos en la institución familiar no lo son menos[43]. La familia tradicional, occidental y cristiana, estuvo basada en:

---

42 La historia del nivel secundario en la Argentina muestra una escuela exclusora y selectiva, de tradición mitrista, no sarmientina, destinada a cierto tipo de jóvenes y no a otros, y, si bien la matrícula se incrementó notablemente desde la recuperación de la democracia, lo cierto es que conserva en su organización, en lo edilicio, en sus reglamentos y en sus dispositivos pedagógicos y disciplinantes, muchas características propias de la institución excluyente que fue.

43 *"Tres espacios de regulación socio-moral (familia, escuela, mundo del trabajo) que solventaba el cada cosa en su lugar (en el plano del espacio y en el plano social) y el cada cosa a su tiempo (en el plano temporal y generacional), y el fuerte abrochamiento entre el ser, el deber ser y el parecer en los planos ontológico y moral. El parecer, por su parte, está unido congruentemente al ser y no constituye un mero atributo estético o cosmetológico como sí sucede en las nuevas condiciones de época donde pesa más el parecer (y el tener) sobre el ser y Ser, es parecer (...) consumir y tener"* (López Molina, 2008, p. 116).

- La monogamia
- La indisolubilidad del matrimonio
- La conyugalidad
- La heterosexualidad
- La autoridad masculina
- La subordinación de la mujer
- La dependencia de los hijos
- Una separación tajante entre el mundo de los adultos y el de los niños
- La transmisión del apellido paterno
- La institución del Mayorazgo
- La dosificación de la información
- El ejercicio pleno de la función paterna
- El ahorro sexual de la mujer, que debía ahorrar sexualidad para llegar pura y casta al matrimonio

Hoy, cada uno de esos pilares está en discusión, lo que torna disparatado sostener la creencia de que los niños de hoy van a ser iguales a los de antes. La química y el desenganche posmoderno de los metadiscursos regulan la conducta en épocas de declive de las instituciones.

Las fórmulas convivenciales, por otro lado, han estallado y emergen en el escenario social distintas configuraciones familiares (la historia de la familia da cuenta de otras mutaciones en la historia de la humanidad): monoparentales, ensambladas, etc.

Lo cierto es que, como afirma S. Bleichmar, hay familia allí donde hay dos generaciones conviviendo y una cuida a la otra. El tema pasa por el cuidado, no por la forma, y esto porque no hay ninguna configuración que garantice una "buena crianza".

Muchos de los trastornos inventados por los manuales refuerzan estas representaciones sobre lo que sería considerado "una buena familia". Un ejemplo de ello es el llamado *Trastorno de ansiedad por separación de los padres*: ¿supondrá esto que una convivencia cruenta es mejor que una separación bien cuidada?

Así, al imponer la familia occidental como modelo, no han hecho más que reforzar representaciones deteriorantes en los docentes sobre lo que es ser un hijo de una "buena" o "mala familia", cuestión que en muchos casos ha condicionado fuertemente la evaluación del desempeño escolar de muchos estudiantes.

La declinación de la función paterna al interior de la familia y el desinvestimiento de la función adulto en lo social, vinculadas ambas al "*prohibir para habilitar*", deja al niño en primera línea frente a la intemperie, al desamparo y al sin-sentido. Deja tras de sí una infancia expuesta a lo instantáneo y múltiple, sin duración, sin rituales y sin relatos, que le muestren futuros posibles y deseables.

Paternidad claudicante + Nuevas Condiciones de Época = Producen como resultado que los hijos de hoy se parezcan más a la época que a sus padres.

Los nuevos formateadores de subjetividad en los tiempos líquidos son los medios de comunicación, las nuevas tecnologías y las redes, las industrias culturales del entretenimiento, los expertos en calidad de vida: médicos, higienistas, dietólogos y, por supuesto, los neuro-psicólogos, asesores idóneos en crianza y con pericia didáctica que los habilita a enseñarles a enseñar a los maestros. Amantes del cerebro, de las grillas exhaustivas que cierran con todo el mundo adentro, portando bajo sus brazos la biblia laica de la pos-modernidad: los Manuales de Diagnóstico.

Hay toda una nueva Didáctica gestándose allí en los laboratorios neuro-psi, por fuera de la Pedagogía, haciendo de la Neurología y de la Psiquiatría nuevas Ciencias de la Educación. Los pedagogos del futuro realizarán parte de su formación en las facultades de Medicina y sabrán más del cerebro que de transposiciones y secuencias didácticas.

Los nuevos escenarios muestran, a resultas de esto, niños prematuramente adultizados frente a adultos tardíamente adolescentizados; no-Jóvenes Juveniles que parecen estar "en otra cosa", con "déficit de atención" respecto de sus propios hijos, preocupados por mantener las ventajas del hoy con el cuerpo de ayer. Los medios, por su parte, se encargarán de multiplicar esta visión del niño tempranamente adultizado.

Los adultos actuales padecen *Déficit atencional* y son *des-cuidados* pues ni atienden, ni cuidan lo suficiente a los niños, adolescentes y jóvenes de hoy, que tienen *superávit atencional* pues pueden realizar muchas cosas al mismo tiempo.

Se trata de padres que padecen también de *Hiper-actividad*, pero por fuera de la función de progenitura, pasando de una actividad a otra todo el tiempo, en tanto que, por dentro de la función de progenitura padecen de *Hipo-actividad* porque son no-intervencionistas, espectadores perplejos de los neo-niños.

Hay un profundo deterioro en las funciones de anticipación y de velamiento[44], y una por demás riesgosa renuncia a una asimetría que es imprescindible en la crianza y en los procesos de enseñanza y aprendizaje, vinculada en ambos casos con el cuidado, y no con el autoritarismo.

Las escuelas, por su lado, padecen de *hipo-actividad* y del efecto Quijote de la Mancha descripto por Pierre Bourdieu[45]: son instituciones modernas creadas en el siglo XVIII, con maestros cuyas matrices de formación se corresponden más con siglo XX, en tanto que los alumnos son del siglo XXI.

En su tarea de centrifugar el capital cultural a las nuevas generaciones, atrasan en relación al avance científico y tecnológico, lo que conlleva como efecto obsolescencia más rápida de los conocimientos adquiridos.

Desde una escuela que es hipo-activa, la mayoría de los niños y adolescentes escolarizados son percibidos como hiper-activos y es por eso que, ante la lentitud exasperante de la que hace gala la enseñanza, los niños terminan haciendo *zapping* en las aulas con el cuerpo y con la atención. Prefieren guardársela a prestarla.

Desconocer cómo las condiciones de época han interpelado los procesos de subjetivación es de una inusitada ingenuidad. Niños y jóvenes viven hoy en un mundo empequeñecido y veloz, que obliga a usar agenda desde muy temprana edad para poder gerenciar el tiempo acelerado; un mundo abierto a nuevas potencialidades y nuevos riesgos, por lo que sería muy temerario persistir en el no intervencionismo claudicante del adulto juvenilizado. Ellos siguen necesitando que el adulto esté allí escuchando, orientando, cuidando, porque:

> (…) son niños (…) [*sic*] a pesar de todo. (Romera y López Molina, 2017, p. 13).

---

44 La anticipación se deriva directamente de la función materna, que siempre está pendiente sobre lo que puede pasar y que, aun cuando el hijo/hija es mayor, le dice, anticipándose, "comé algo antes de salir" o "llevá abrigo que puede refrescar". El velamiento, por su parte, tiene que ver con no exponer al niño/a al horror o al descontrol de sus progenitores. Un ejemplo de esto puede verse en la película *La vida es bella*, dirigida y protagonizada por Roberto Benigni.

45 Según Bourdieu, el efecto Don Quijote está vinculado a cambios o transformaciones en la estructura social que no son acompañados por cambios en los sentimientos y las acciones, que se muestran inadecuadas para las nuevas condiciones objetivas que se presentan, y ello porque el *hábitus* sigue anclado a las estructuras del pasado.

Según Fisher:

> (...) si la esquizofrenia es la enfermedad mental que señala los límites exteriores del capitalismo, como quieren Deleuze y Guattari, el trastorno bipolar puede ser la enfermedad mental propia del interior del capitalismo (...) un cuadro psicológico donde impera la ansiedad perpetua y la insatisfacción. (2016, p. 66).

El análisis de las condiciones de época es requisito indispensable para comprender los mundos contemporáneos, ya que interpelaron instituciones, prácticas, saberes y teorías. Los nuevos escenarios obligan a repensar el mundo conocido, a construir nuevas preguntas y a investigar de qué manera se constituyen estas nuevas subjetividades que, en ocasiones, generan en el mundo adulto perplejidad, desconocimiento o rechazo visceral. Se trata, entonces, de actuar como analista simbólico de la época y de someter a revisión el saber acumulado, actuando con honestidad intelectual y espíritu crítico.

> Así proponemos que los interrogantes que las condiciones de época generan, no permanezcan como datos de una fatalidad que nos deja mudos, sino que operen como potenciadores y posibilitadores de nuevos pensamientos, posicionamientos y prácticas profesionales en el ámbito de la educación. (Ministerio de Educación de la Nación, 2014, p. 12).

———————— ◆ ————————

Parte II: Medicalizar la vida

Transformar la diferencia en enfermedad ha sido una de las mayores muestras de genialidad comercial de nuestro tiempo, a la altura de Apple *y* Facebook, *pero mucho menos útil y potencialmente más perjudicial.*
(Frances)

Los doctores son hombres que prescriben medicinas que conocen poco, curan enfermedades que conocen menos, en seres humanos de los que no saben nada.
(Voltaire)

Parte II: a) La sociedad terapéutica: medicalizar la vida

En el año 1975 se publica en la obra *Némesis Médica* (1974) un ensayo por demás provocador. Su autor, Iván Illich, define el proceso de *Medicalización* dando cuenta de que el concepto de Salud fue expropiado por el discurso médico y que la ampliación inusitada de su poder minaba las posibilidades de que las personas lidiasen con el sufrimiento y con las pérdidas derivadas de la propia existencia, transmutando los dolores de la vida en enfermedades y convirtiendo cuestiones no médicas en problemas médicos.

La medicalización implica un verdadero acto de expropiación que resulta de la inusitada intención de extender abusivamente la jurisdicción de lo médico hacia toda la cotidianeidad, hacia cuestiones que tienen que ver con el vivir: el duelo, la tristeza, el desamor, la crianza, o el envejecimiento, dotando al profesional de un poder omnímodo para indicar cómo hay que vivir, cómo hay que criar, cómo hay que amar.

En *El orden psiquiátrico* (1980), Robert Castel denuncia el papel que la Psiquiatría viene a ocupar: el de un nuevo orden que regula las estructuras de poder:

> La intromisión del orden psiquiátrico en las prácticas sociales relativas a la locura aparece en el siglo XVIII y su objeto serán aquellos sujetos que no puedan adaptarse a la sociedad normal. (Como se cita en Punta Rodulfo, 2016, p. 12).

El rol de experto, conquistado por el médico a partir de su intervención en el espacio manicomial, le procura como beneficio secundario la conversión en un personaje central a la hora de intervenir en problemas que reconocen una etiología social, y no médica. La neo-Psiquiatría, forjada en el encierro del hospicio, atraviesa sus muros y emerge postulándose como responsable idónea, no sólo ya del resguardo del loco sino, también, como salvaguarda de la salud psíquica de la población general.

La *medicalización de la vida no es un problema médico. **Es un problema político** y,* por tanto, requiere del Estado una respuesta, también política, que le ponga freno. Excede el universo de la Medicina y convoca a la intervención decisiva de las Ciencias Sociales, articulando las variables biológicas, psicológicas, sociales, económicas, culturales y políticas, desde la perspectiva del paradigma de la complejidad. Sólo así se podrá evitar caer en otra encerrona trágica, y ésta es que *la so-*

ciedad y el régimen capitalista neo-liberal medicalizan aquello que ellos mismos producen.

Uno de los grandes revolucionarios de la novela, Marcel Proust decía que:

> Para cada enfermedad que los doctores curan con medicinas producen diez en las personas saludables inoculándolos con ese virus que es mil veces más poderoso que cualquier microbio: la idea de que uno está enfermo.

Se trata de un verdadero acto de colonización del "mundo de la vida" y de la subjetividad[46].

El sujeto no es una mera suma de moléculas, células, tejidos, órganos y aparatos, porque está atravesado, de lado a lado, por múltiples dimensiones y habita un universo simbólico, no un ambiente o medio físico o natural, no pudiendo ya escapar de sus propios logros: la cultura y el lenguaje. Lenguaje, mito, arte, creencias, saberes constituyen parte sustancial de ese universo simbólico y forman los hilos que tejen la trama o *"urdimbre creencial"* (Rof Carballo), donde se desarrollará la compleja experiencia humana.

> Un organismo no es un animalito que anda suelto por el mundo y no crece si nadie le habla. (Pommier, 2002, p. 61).

Si nadie lo nombra, si nadie lo cuida, si nadie lo introduce en una filiación familiar (recordemos al respecto los casos de Victor, el salvaje de Aveyrón y el de Kaspar Hauser). El cuerpo, en cambio, es otra cosa. Es biológico, social, cultural, histórico y generacional. Pero también es metáfora viva, lenguaje y territorio a ocupar.

Por cierto, además, y es bueno saberlo, que algunos hallazgos neurofisiológicos se han mostrado consistentes con los descubrimientos más relevantes del Psicoanálisis (ver al respecto el texto de G. Pommier, 2010), por ejemplo, cuando se habla de un doble procesamiento cognitivo y emocional, uno dependiente de los sistemas subcorticales (amígdala y lóbulo límbico) y otro de carácter consciente, que tiene su

---

46 Según Husserl, *Lebenswelt* (mundo de la vida) sería, pues, el trasfondo de experiencias y vivencias "prerreflexivas" a partir del cual se dota de sentido a todo cuanto se dice. El denominado "Entorno inmediato del agente individual", la capa profunda de certezas, realidades y evidencias que no son puestas en cuestión y que conforman una base cognitiva sólida sobre la cual puede establecerse la comunicación. Cuando el sistema, en términos de Habermas, lo coloniza, se produce una distorsión de las funciones de reproducción simbólica, lo que genera patologías sociales.

sede en la corteza. Calificados neurocientíficos, aportan pruebas sobre la importancia de los procesos inconscientes: Le Doux, Bechara, Cahill, Gazzaniga y otros.

No se puede poner en duda que, si alguien está jugando un partido de fútbol, abrazando a un hijo, o leyendo un libro de Sociología, las áreas del cerebro que se activan varían (y hasta de un sujeto a otro) y seguramente es de gran relevancia poder investigarlo, pero creer que todo se reduce a eso lleva al reduccionismo y al dogmatismo. Es necesario reconocer que *eso es **geografía***, es estudiar la topografía del sujeto. Porque ese cerebro habita un cuerpo que está atravesado y cuarteado por la historia, la cultura, el lenguaje, la posición relativa en el espacio social, el paso por las instituciones, su propio proceso de constitución en tanto sujeto, la influencia de los dispositivos de poder y de los discursos prevalentes sobre lo que es ser familia, niño, mujer, o joven.

Frente al desarrollo de las neurociencias, la psiquiatría ha dejado demasiado rápido de lado el modelo de la psicogénesis, y ha reducido el pensamiento a un circuito neuronal y el deseo a una secreción química, convirtiendo la salud en un artículo más de diseño y de consumo en lugar de considerarla un derecho humano fundamental.

Parte II: b) Sobre algunas de las consecuencias de los procesos de Medicalización

Los procesos de medicalización de la vida tuvieron, al menos, cinco efectos directos:

1. **Creación de los Manuales de Diagnóstico:** tanto los propuestos por la APA como los de la OMS.
2. **Sobre-diagnóstico y consecuente crecimiento exponencial del consumo de psicofármacos desde edades muy tempranas:** A raíz de ello asistimos a una cada vez mayor influencia de la industria farmacéutica fabricando psiquismo y estados de ánimo, a tono con las condiciones de época, la sociedad de consumo y, en el caso de la infancia y la adolescencia temprana, la gramática escolar.
3. **Invención de enfermedades:** Según denuncia el British Medical Journal, todos los procesos normales de la vida, nacimiento, envejecimiento, sexualidad, tristeza, infelicidad y muerte están siendo sometidos a permanente medicación. Este fenómeno ha sido designado como *"disease mongering"*, es decir *"promoción de enfermedades"*. El cansancio, el mal humor, el desgano, la falta de concentración, la

timidez, la inapetencia sexual, la impaciencia, las dificultades para relacionarse con la gente o hablar en público pueden recibir una descripción terminológica médica y ser diagnosticadas como enfermedades para las cuales existe, por haber sido oportunamente inventado, el fármaco justo.

Los medicamentos que fabrica la industria farmacéutica ya no están destinados a tratar enfermedades reconocidas, sino que se inventan anticipadamente para trastornos aún no reconocidos pero que, tarde o temprano, se incorporarán en las futuras ediciones. Operan, asimismo, en *tándem* con las terapias cognitivo-conductuales que van a reforzar la idea de que las trabas que atenazan al sujeto son internas, y nada tienen que ver las condiciones de vida en la sociedad de mercado.

> (...) ya no debemos tratar la cuestión de la enfermedad psíquica como un asunto del dominio individual (...) la plaga de la enfermedad mental en las sociedades capitalistas sugiere que, más que ser el único sistema social que funciona, el capitalismo es inherentemente disfuncional. (Fisher, 2016, p. 45).

La enorme *privatización de la enfermedad* (M. Fisher, 2016) trae como consecuencia creer que la enfermedad psíquica es un hecho natural y que corresponde al dominio individual y molecular.

4. **Deslizamiento pronunciado desde la clínica psiquiátrica hacia la Psiquiatría molecular:** tanto los manuales presentados por la A.P.A. como los de la O.M.S. representan un empobrecimiento progresivo de la minuciosa mirada psiquiátrica propia de algunos de los alienistas más brillantes del siglo XIX y XX, sobre todo en Alemania, Francia e Italia y, quizás, Henri Ey haya sido el último de ellos. La investigación en el plano de lo molecular hace que la profesión abandone toda posibilidad de teorización sobre la locura y la clínica misma, y corra, además, el riesgo de subsumirse en la Neurología.

> La verdad de un sufrimiento se halla en una clasificación y lleva el nombre cifrado de un neurotransmisor, ausente o excesivo, cuya producción está codificada en los genes y apunta a un psicofármaco como agente curativo. (Vasen, 2011, p. 29).

Por su parte, Nikolas Rose (2012) en su texto *Políticas de la vida: Biomedicina, poder y subjetividad en el siglo XXI* expresa:

> El estilo de pensamiento de la bio-medicina contemporánea imagina la vida en el nivel molecular, como un conjunto de

mecanismos vitales inteligibles en los que participan entidades moleculares que es posible identificar, aislar, movilizar, recombinar, mediante nuevas prácticas de intervención que ya no se encuentran restringidas por la normatividad aparente de un orden vital natural. (p. 29).

5. Crecimiento exorbitante de las ganancias de la industria farmacéutica y su intervención decisiva en la construcción de los manuales de diagnóstico.

Según información producida por el INDEC, la facturación anual de la industria farmacéutica al mercado interno nacional exhibe un crecimiento sostenido desde el año 2003, y durante el año 2007 se afirma que la industria farmacéutica tuvo un crecimiento del 20.2% en el total facturado con relación al año 2006 (INDEC, 2008). Hay que consignar que estos datos de facturación presentados en el informe no incluyen el IVA y corresponden a precios mayoristas de salida de fábrica.

Para expandir el mercado, los laboratorios financian asociaciones de pacientes y familiares, como ocurre en el caso de los CHADD en EE.UU.: publicidad directa y encubierta, compra de espacios en programas de televisión, Internet, y campañas públicas con postas sanitarias ambulantes y ferias de salud para detectar posible población de riesgo y aumentar así la demanda de servicio.

> Uno de cada 5 adultos de EE.UU. consume al menos un fármaco para tratar u problema psiquiátrico; el 11% de los adultos y el 21% de las mujeres tomo antidepresivos en 2010 (...) desde 2005, las prescripciones psiquiátricas a los soldados en activo se han multiplicado x 8. La increíble cifra de 110.000 soldados consume (*sic*) actualmente al menos un fármaco psicotrópico, muchos de ellos más de uno y cientos de ellos mueren cada día a causa de sobredosis accidentales. (Frances, 2014, p. 13).

Los laboratorios conforman un verdadero complejo industrial muy poderoso que agrupa, además, a compañías de seguros, fabricantes de equipos y dispositivos médicos de alta tecnología, hospitales, obras sociales y especialistas de la Medicina que cuentan con una cuota importante de capital simbólico, por lo que son estratégicos en la tarea de convencer a sus colegas de menor prestigio.

Parte II: c) Sobre los sistemas de clasificación

Clasificar no es explicar ni comprender, y toda clasificación constituye un arbitrario impuesto:

> (...) notoriamente no hay clasificación del universo que no sea arbitraria y conjetural. La razón es muy simple: no sabemos qué cosa es el universo. (Borges, 1998, p. 159).

Borges problematiza el uso del lenguaje y su sentido a la hora de poder establecer la significación sobre las cosas, poniendo en duda la posibilidad que tiene al momento de direccionarse o referirse a un objeto.

Por su parte, M. Foucault, en *Las palabras y las cosas* (2002) expresa que el problema no consiste en saber cómo conocemos una propiedad o una cosa sino en determinar *de qué modo están ordenadas las cosas.*

Si es nuestro lenguaje aquel que las ordena, ¿por qué, entonces, en cada época, su orden es diferente, y por qué las teorías que explican este orden son también disímiles? ¿Qué función cumplen, entonces, la episteme y el lenguaje en todo ello? La obra de Foucault muestra, en consecuencia, que toda taxonomía es un producto situado en un determinado concreto socio-histórico y cultural. Son interrogantes que se abren e introducen una sospecha acerca de los sistemas clasificatorios en general y, para este caso, los de la Psiquiatría en particular.

En los manuales de trastornos mentales se pone en evidencia que su sistema clasificatorio carece de un eje conceptual claramente definido que sostenga el orden propuesto, lo que provoca, entre otras cuestiones, la absurda consecuencia de consignar en la propia clasificación aquello que no está clasificado: los *trastornos no especificados.*

En cada uno de los manuales editados, además, se hace muy difícil determinar el linde entre lo normal y lo patológico porque las fronteras son por demás difusas. Eso lleva a que en numerosas ocasiones los profesionales prefieran usar los ítems: *Otros trastornos... o Trastornos no especificados,* cláusulas de cierre que constituyen las líneas de fuga del texto. Dice Allen Frances (2014) que:

> (...) el texto refleja el intento, más universal que haya existido, de ataque a la subjetividad y de intromisión totalitaria en la vida de los sujetos pretendiendo someterlo a la condición de trastornado, y hacerlo destinatario a-crítico de tratamientos cognitivos-conductuales y medicación, por cuenta de la autoridad de los burócratas del estado, con derecho para inter-

venir, incluso coercitivamente, en su intimidad. Es parte de un proceso de transformación totalitaria de las sociedades democráticas instrumentadas por la industria farmacéutica a través de funcionarios de la Organización Mundial de la Salud (OMS), las agencias nacionales de medicamentos y una parte del colectivo médico, psiquiatras y docentes. (Como se cita en Pundik, 2011, p. 71).

Otro problema es la ambigüedad que se esconde detrás de la palabra *Trastorno,* pobremente definida en el glosario de los manuales:

> El problema planteado por el término trastornos mentales ha resultado ser más patente que su solución y, lamentablemente, el término persiste en el título del DSM IV ya que no se ha encontrado una palabra adecuada que pueda sustituirlo (...) no existe una definición que especifique adecuadamente los límites del concepto (...) En este manual cada trastorno mental es un síndrome o un patrón comportamental psicológico de significación clínica, que aparece asociado a un malestar, a una discapacidad o a un riesgo significativamente aumentado de morir, sufrir dolor, discapacidad o pérdida de libertad. (APA, 1995, p. XXI).

La propia expresión de trastorno *mental* se muestra insuficiente y parte de una tremenda reducción de lo psíquico a aquello que tiene que ver con la razón y la inteligencia. Etimológicamente mental, proviene del latín *mentalis*, relativo al pensamiento. Por lo tanto, Salud Mental vendría a significar salud del pensamiento o de la inteligencia, y quizás sea más preciso hablar entonces de Salud Psíquica en tanto que tal expresión abarca lo mental, pero también aquello que lo excede.

Según M. Fisher, una de las aporías del realismo capitalista es la relativa al concepto de Salud Mental y expresa:

> (...) es un caso ejemplar de la operatoria del realismo capitalista, que insiste en que la salud mental debe tratarse como un hecho natural tanto como el clima, aunque el clima ya no es más un hecho natural. (Fisher, 2016, p. 45).

Parte II: d) Breve historia de los DSM

El **DSM I** apareció en 1952 como una recopilación del IDC-4 del año 1952 (OMS), bajo la inspiración de A. Meyer (con colaboración de algunos psiquiatras del Ejército de EE.UU.), quien consideraba que las patologías mentales podían tener su origen en experiencias traumáticas vividas en la infancia, destacando, además, la importancia que tenían tanto la familia como otros factores sociales. Él fue uno de los pioneros para la introducción del psicoanálisis en los Estados Unidos y tomó en cuenta la obra de H. Ey y su teoría orgánico-dinámica, último intento de conciliar las tesis más organicistas con las dinámicas.

El **DSM II** nace en 1968, en el marco de fuertes discusiones en torno a la Esquizofrenia, por lo que un año después se realizó una primera revisión que acotó fuertemente la decisiva influencia de Meyer, mientras crecía al mismo tiempo la del Psicoanálisis y la de los neokrapelianos.

La oposición a esta segunda versión fue muy fuerte tanto desde la Psiquiatría biológica como desde la teoría conductista en Psicología; en ese momento surge la figura de Robert Spitzer, profesor de Columbia y acérrimo enemigo del Psicoanálisis, quien se postuló para el puesto vacante de redactor del DSM III, que obtuvo al ser el único candidato.

El manual eliminó a la homosexualidad como categoría diagnóstica de la sección Desviaciones Sexuales como consecuencia de las protestas lideradas por el Frente de Liberación Homosexual y la comunidad de psiquiatras gay de EE.UU. Se creó entonces una nueva nominación *Perturbaciones en la orientación sexual.* En el DSM III se incluyó el diagnóstico de *Homosexualidad egodistónica,* diagnóstico que fue eliminado en el DSM III R.

Es decir, la eliminación de la homosexualidad como trastorno psiquiátrico respondió en gran parte, al poder de *lobby* de la comunidad gay de EE.UU., lo que lleva a preguntarse, una vez más, en base a qué puede determinarse el linde entre salud mental y enfermedad mental[47].

El rol que jugó el Dr. Robert Spitzer fue central a partir de que tomó a su cargo la dirección del DSM III, buscando un acercamiento empírico a las enfermedades tradicionales, más allá de lo que decían los enfoques anteriores en Psiquiatría. Mucho se debe a este autor la eliminación de

---

47 El día que los sujetos diagnosticados como T.O.C. comprueben su poder de fuego e impugnen su presencia en el manual, quizás sean sacados de éste. No pasará nunca eso con quienes padecen alguna fobia, y ello porque sus acciones evitativas impedirán que se reúnan.

la homosexualidad y a su argumento respecto a que un trastorno médico debe estar asociado a angustia subjetiva, sufrimiento o discapacidad de la función social, cuestiones que no podían encontrarse en todos los casos estudiados[48].

Lo interesante es que, si bien su intervención fue decisiva, años más tarde, en 2001 publicó un estudio en el que presentaba una terapia que procuraba convertir a los gays en heterosexuales y, más allá de que años más tarde pidió disculpas por su error, le fue señalada su contradicción. ¿Por qué un dispositivo terapéutico para algo que ya no era considerado un trastorno mental?

Las críticas se incrementaron luego con dos investigaciones que pusieron en jaque la capacidad diagnosticadora de la Psiquiatría: el experimento llevado a cabo por el psicólogo norteamericano Rosenhan[49] y el Estudio comparado pluri-nacional británico-estadounidense, mostrando cómo ante los mismos casos los diagnósticos entre los expertos de un continente y el otro eran muy disímiles.

El experimento de Rosenhan constó de dos fases. En la primera, 8 hombres y 3 mujeres, incluido el propio Dr. Rosenhan, fueron internados en hospitales psiquiátricos de 12 estados de EE.UU. después de simular por teléfono alucinaciones acústicas. Una vez internados, los pacientes tuvieron un comportamiento impecable. No obstante, los psiquiatras no se lo creyeron y los obligaron a reconocer que padecían una enfermedad mental y a tomar antipsicóticos. *Ninguno de los pseudopacientes fue identificado como impostor por el personal, aunque sí por otros pacientes*, que pudieron detectarlos creyendo que se trataba de investigadores o periodistas. Registros de los hospitales indican que el personal interpretaba gran parte del comportamiento de los pseudopacientes como un aspecto más que confirmaba su conducta patológica. Por ejemplo, una enfermera etiquetó el hecho de que un paciente tomara notas como "El paciente se dedica a escribir", y lo consideró patológico.

Cada uno fue dado de alta con un diagnóstico de "esquizofrenia en remisión". Al conocer los resultados del estudio del psicólogo estadou-

---

48 En el año 1973, la homosexualidad fue extraída del DSM, episodio que ha sido relatado por uno de sus protagonistas, Ronald Bayer, conocido por su posición favorable a la "causa gay", y el hecho constituye un ejemplo notable de cómo la militancia política puede interferir en el discurso, pretendidamente científico, modelándolo y alterándolo.

49 Rosenhan: "Estar cuerdo en lugares dementes".

nidense, los hospitales más conocidos se indignaron, declarando que en sus instalaciones jamás podría haber ocurrido algo semejante.

En la segunda parte, Rosenhan aceptó el desafío y prometió enviar más "pseudopacientes" a uno de estos centros psiquiátricos. Durante los siguientes tres meses, de los 193 pacientes atendidos por el hospital, los médicos detectaron a 41 "impostores". La realidad era, no obstante, bien distinta. Rosenhan había dicho que enviaría a "pseudopacientes", pero, sin embargo, no lo hizo. No envió a nadie. Como el centro hospitalario esperaba hallar enfermos que fingían, los encontraron pese a que no existían.

Respecto del estudio comparado binacional, psiquiatras de Gran Bretaña y de EE.UU. analizaron los mismos pacientes mediante cintas de video, pero sus diagnósticos respectivos fueron muy diferentes.

Con el **DSM III** se produce el giro biológico y continental: desaparece la influencia del Psicoanálisis, por un lado, y Europa deja de ser el modelo, cuando pasa a ocupar una posición hegemónica la Asociación Psiquiátrica Americana (A.P.A.), por el otro. A partir de entonces la influencia de las Neurociencias y las terapias cognitivo conductuales irán en ascenso.

> El aplanamiento de la distancia entre la conducta y su base orgánica caracteriza la nueva mirada diagnostica de la Psiquiatría. (N. Rose, 2012, p. 388).

Las fuertes discusiones que se generaron llevaron a hacer una revisión de esta versión en el año 1987.

El **DSM IV**, editado en el año 1994, nace con la intención de proporcionar una base empírica más sólida al *abreviar los criterios diagnósticos, y al procurar, además, una mayor claridad del lenguaje.* El equipo de trabajo fue dirigido por Allen Frances, en colaboración con muchos grupos internacionales que cuidaron su compatibilidad con el ICD. Los objetivos de la revisión fueron mayor brevedad en los criterios, uso de un lenguaje más claro, coordinación con el ICD 10 y recolección detallada de datos empíricos.

La idea subyacente en el **DSM V** es, en cambio, extender el rango de los trastornos a lo que se conoce como cuadros subclínicos, es decir, los que por muy poco no llegan a cumplir los criterios para ser trastorno. Otro propósito explícito es evitar diagnosticar de menos, pero pagando el alto costo de aumentar exponencialmente los falsos positivos. Introduce, asimismo, la polémica figura del "espectro", lo que contribuye fuertemente a incrementar los procesos de medicalización y patologización.

Esta versión tuvo críticas muy severas desde los ámbitos gubernamentales, académicos y profesionales:

> (…) patologización, medicalización y estigmatización son procesos que van de la mano, violencia del significante sobre la vida de los sujetos y enorme daño producido por rotulaciones diagnósticas que acaban proporcionando una suerte de identidad aberrante al niño. (López Molina, 2008, pp. 30-31).

Parte II: e) Impacto de los Manuales en lo político, social, institucional y subjetivo

La construcción de taxonomías psiquiátricas, además de constituir un intento por legitimar a la Psiquiatría como disciplina científica al interior de la Medicina, produjo temibles consecuencias en la sociedad, el Estado, las instituciones y las subjetividades.

Una de las más fuertes está vinculada a su osada pretensión de marcar una frontera, por cierto, arbitraria, entre lo que se considera normal y lo patológico, lo que produce un borramiento de límites entre natura, cultura y subjetividad. Los sucesivos manuales fueron planteando umbrales cada vez menos exigentes, y perdieron consecuentemente especificidad y diagnosticaron a miles de personas que, hasta la versión anterior, eran consideradas normales.

Otra consecuencia tiene que ver con su atribución para determinar, por ejemplo, quién puede acceder a prestaciones por invalidez, quién puede adoptar un hijo, o contratar un seguro de vida.

Produjo, también, una suerte de mercantilización de la enfermedad mental y de la práctica clínica psiquiátrica, subordinándolas a la industria farmacéutica, la que incrementó exponencialmente sus ganancias.

> La Psiquiatría es especialmente vulnerable a la manipulación de las líneas que separan Normalidad de Enfermedad, porque carece de pruebas biológicas y depende enormemente de juicios subjetivos que pueden estar influidos por un marketing hábil. (Frances, 2014, p. 50).

La arbitrariedad de los juicios subjetivos es mayor si se toma en cuenta que, en muchos casos, los diagnósticos son realizados por profesionales que, en su especialización, no tuvieron formación en lo que es la clínica psiquiátrica y todo lo que se pone en juego en la relación médico-paciente.

Ya el propio director del DSM IV, el Dr. A. Frances, decía que el uso inadecuado que se hizo de ese manual llevó a que se produjeran tres falsas epidemias de trastornos mentales: Autismo, Déficit Atencional y Trastorno Bipolar Infantil.

El Manual V incluyó trastornos que generaron gran polémica al momento de su puesta en vigencia:

- Síndrome de riesgo de psicosis o síndrome de síntomas psicóticos atenuados: según el Dr. Frances, A. (2014):

> (...) es ciertamente la más preocupante de las sugerencias hechas para el DSM V. La tasa de falsos positivos sería alarmante, del 70 al 75% en la mayoría de los estudios más cuidadosos, y aparentemente mucho más alta una vez que el diagnóstico sea oficial, para el uso general, y se convierta en un blanco para las compañías farmacéuticas. (Frances, 2011, pp. 76-77).

- Trastorno mixto de ansiedad depresiva: este supuesto trastorno no presenta síntomas específicos y definidos, y, al estar fuertemente vinculado a avatares dolorosos de la vida cotidiana, puede llegar a ser impuesto a un gran sector de la población.

- Trastorno cognitivo menor: medicaliza disminuciones cognitivas de la memoria que son de esperar después de los 50 años y que tienen que ver con el proceso de envejecimiento.

- Trastorno de atracones: el atracón pasa a ser un trastorno mental para aquellas personas que al menos una vez a la semana comen compulsivamente.

- Trastorno disfuncional del carácter con disforia: es una de las más peligrosas y pobremente concebidas, y una mal orientada medicalización de los exabruptos del carácter.

- Trastorno de hipersexualidad: diagnóstico moralista que parte de la creencia de que habría una definición certera de lo que sería una sexualidad normal deseable, por lo que ciertas modalidades que asume la sexualidad en estos tiempos sería entendida como un trastorno que requiere atención psiquiátrica.

- Trastorno bipolar infantil: los diagnósticos aumentaron 4000%. Hasta los 90 era desconocida en niños, ahora es mucho más frecuente y se diagnostica a niños desde los 2 y 3 años.

- Trastorno por hipersensibilidad: ¿cuántos poetas, músicos, matemáticos, etc., estarían incluidos en esta lista? O mejor aún, ¿cuál es el nivel exacto de una sensibilidad para ser considerada normal y aceptable?

- TADH: dice Fisher al respecto:

> (...) si algo como el desorden de déficit de atención e hiperactividad es una patología, entonces es una patología del capitalismo tardío: una consecuencia de estar conectado a circuitos de entretenimiento y control hiper-mediados por la cultura del consumo. (Fisher, 2016, p. 54).

A estos hay que agregar otros no menos disparatados, algunos de los cuales ya estaban presentes en el DSM IV:

- Trastorno negativista desafiante: trastorno sumamente extendido en la población juvenil que perteneciera a la generación de los años 60 y 70. En cambio, en los oscuros años de la dictadura prevaleció el Mutismo selectivo.

- Tartamudeo: "Carta al padre" es el nombre dado a la carta que Franz Kafka escribió a su padre Hermann en noviembre de 1919, criticándolo por su conducta emocionalmente abusiva e hipócrita hacia él, y le adjudicaba el origen de su tartamudez. Hoy sería seguramente diagnosticado como desatento, tartamudo, con rabietas y oposicionista.

> Como se estaba convencido de que en cualquier caso se daría un motivo, no se esforzaba uno demasiado, y también había un cierto embotamiento debido a la amenaza continua; pues de que no iba a haber palos, de eso poco a poco se iba estando casi seguro. Uno se volvía un niño gruñón, desatento, desobediente, con la mente puesta siempre en la huida, casi siempre huida interior. (Kafka, 2014, p. 9).

- Pesadillas: ni el mundo onírico pudo escapar a los procesos de medicalización y las pesadillas ya no requieren ser interpretadas, sino medicadas.

- Problemas religiosos o espirituales: por ejemplo, el malestar que implica la pérdida o el cuestionamiento de la fe, los problemas asociados con la conversión a una nueva, o el cuestionamiento de los valores espirituales que pueden o no estar necesariamente relacionados con una institución religiosa. La vocación oceánica de la Psiquiatría líquida no tiene límites y hasta se entromete con las creencias religiosas. Seguramente para su próxima versión se incluirán también el sentimiento angustioso de finitud que afectaría a los ateos y agnósticos.

- Problemas laborales: los ejemplos incluyen la insatisfacción laboral y la incertidumbre sobre la elección profesional. Millones de docentes, por ejemplo, que reciben un pobre salario por educar a las nuevas generaciones, podrían ser incluidos en esta insólita categoría. Además, es una clara muestra de privatización de la enfermedad que deja fuera del análisis las condiciones laborales en la sociedad post-salarial. El malestar es subjetivo y se lo investiga a nivel molecular, nada tienen que ver los cambios en el mundo del trabajo. En la actual deriva laboral, y ante el incumplimiento de las promesas de ascenso social a través de la inversión educativa, la idea misma de una comunidad estructurada en torno a la "experiencia" del trabajo parece estar más que nunca en entredicho. No le vendría mal sugerirles, a esta piara de fabuladores profesionales, leer las obras de Senett, Castel, Gorz y Dejours, entre otros, para entender los efectos que producen en lo social y en la subjetividad, las nuevas modalidades que asumió el mundo del trabajo en las actuales condiciones de época. Según Dejours:

> La precarización laboral no afecta sólo a los trabajadores precarizados o a los desocupados, sino que también produce un sufrimiento intenso en quienes tienen un trabajo estable. Junto al miedo a la pérdida laboral se produce una intensificación del trabajo con su aumento de carga y padecimiento. Sin embargo, son preocupantes los altos niveles de sometimiento y la neutralización de la movilización colectiva contra ese sufrimiento impuesto por el capitalismo mundializado. (Dejours, 2015).

- Problema de identidad: respecto de este ítem, se supone que el objeto de atención clínica sería la incertidumbre sobre los múltiples aspectos relacionados con la identidad, objetivos a largo plazo, elección de profesión, patrones de amistad, comportamiento y orientación sexual, valores morales y lealtades de grupo. Otra vez se reduce la incertidumbre al ámbito de lo privado, de lo subjetivo. Ello supone que el mundo contemporáneo está pletórico de certidumbres y que son algunos sujetos determinados los que navegan en las aguas de la perplejidad y la no-certidumbre. Incentiva la curiosidad conocer cuáles serían "buenos patrones de amistad" y "malos patrones de amistad" y conocer, también, si tales patrones, para el caso que existieran, son universales.

- Problema de aculturación: se supone que, para este curiosísimo ítem, el objeto de atención clínica sería un problema vinculado con la adaptación a diferentes culturas. La población que podría verse afectada en este sentido sería de cientos de millones ya que los procesos migratorios se multiplicaron en todo el mundo. Además, si se toma en cuenta el tema ya tratado en este artículo de la llegada de la inmigración italiana a Argentina, no sería necesario tomar en cuenta los prejuicios que la población criolla tenía sobre tales inmigrantes. Sería un problema individual que requeriría una solución también individual: volverse a su país de origen, dejar atrás sus características idiosincráticas o consumir adaptomicina o alguna gragea parecida. En épocas de crecimiento exponencial de los procesos migratorios de la periferia al centro, hablar de desadaptación es hacer de un problema humano y básicamente social, político y económico, una cuestión privada y es, también, una estrategia de disciplinamiento para los cientos de miles que huyen de sus lugares originarios acechados por las guerras y hambrunas.

- Problema biográfico: Los ejemplos en este caso incluyen problemas asociados con la incorporación al colegio, el comienzo de una nueva profesión y los cambios relacionados con el matrimonio, el divorcio y la jubilación. Privatización atroz y psiquiatrización extrema de situaciones vitales:

> Es el niño el que no se adapta a la escuela, no la escuela la que no se adapta a los niños de hoy; es el profesional novel el que tiene problemas para comenzar a ejercer su profesión, hecho que constituye una situación absolutamente normal y que atraviesa todo aquel que termina su trayecto formativo; no podía estar ausente el divorcio como causa, lo que supone que la situación ideal sería la "familia bien constituida". Todo divorcio es disruptivo e inolvidable; no necesariamente es traumático. Todo depende de cómo fue tramitado. Por otro lado, sobran ejemplos de familias en las que los progenitores no se divorciaron, pero conviven en un ambiente de violencia tremenda (Familia Schoklender, Barreda, Fraticelli, Puccio, entre tantas otras, todas bien constituidas y de clase media, por ejemplo); y, respecto de la jubilación como factor estresogénico, habría que tomar en cuenta, en primer lugar, que es una palabra vinculada a júbilo, jubileo. Que, si implica un problema, éste no es personal necesariamente ya que, en muchos casos, se trata de un problema político que compromete a la seguridad social y a

la escasa sensibilidad de los estados neoliberales que buscan achicar el gasto bajando jubilaciones y pensiones y elevando la edad para acceder a ellas.

Otras curiosas invenciones del trust psiquiátrico-farmacológico son:

- Fingir un trastorno: con este ítem no le fue demasiado bien a la Psiquiatría, sobremanera a partir de la experiencia Rosenhan ya mencionada, o lo tratado por Ervin Goffman en su libro *Internados. Ensayos sobre la situación social de los enfermos mentales* (1994)[50]. Si los participantes se salvaron de la esquizofrenia, no se salvarán de esta ingeniosa nueva categoría. Casi una vendetta contra aquel experimento crucial.

- Problemas paterno-filiales: para el caso de este supuesto trastorno no hay ninguna consideración respecto a los profundos cambios ocurridos en el mundo familiar, en las estrategias de crianza, en la declinación de la función paterna o las conquistas de derechos de la mujer, el niño y el joven. Por cierto, es constitutivo de la vida en familia, que haya problemas y conflictos entre padres e hijos, sobremanera en la adolescencia. Forma parte de la crianza y ayuda a enfrentar las dificultades de la vida en el futuro. El primer caso de problema paterno-filial sería, para este ítem, el de Adán y Eva, quienes desobedecieron a su padre en el paraíso, en el comienzo de los tiempos.

- Problemas conyugales: supone que, así como habría parejas que los tienen, habría otras que no. Incierta y ambigua categoría en su nominación y en su especificidad, pero que pone bajo su órbita cientos de miles de parejas de todo el mundo. Sólo quedan fuera de ella los Ingalls, célibes convencidos, eunucos y anacoretas. Rigen para este caso las mismas consideraciones del ítem anterior respecto a que los problemas conyugales, en primer lugar, no implican siempre problemas *"entre"* los cónyuges y, en segundo, que son propios de toda pareja y que pertenecen a su intimidad, salvo en aquellos casos que implican violentación emocional, psíquica y/o física.

- Problemas de relación entre hermanos: el caso *príceps* es el de Caín, que de haber contado con un psiquiatra de la A.P.A. por aquellos remotos tiempos, no hubiera asesinado a su hermano Abel. La ausencia

---

50 La investigación de Goffman se realizó durante un año en el Hospital St. Elizabeth de Washington. A partir de ella, propone el concepto de Instituciones Totales, que son aquellas que presentan una serie de características totalitarias, en las cuales los seres humanos comparten un espacio delimitado, bajo tiempos e interacciones controladas.

de temor al ridículo de estos profesionales de la psiquiatría neo-liberal podría también nominarse como un problema psiquiátrico grave y extendido.

- Trastorno disfórico pre-menstrual por tensión pre-menstrual: inusitada medicalización de un proceso normal que ocurre a las mujeres todos los meses. Por cierto, esta nueva categoría de trastorno debiera movilizar a las mujeres de todo el mundo, porque es una intromisión abusiva y una flagrante violentación de sus derechos.

- Afectivo Estacional: se trata de un estado de ánimo (acompañado de tristeza, ansiedad, sentimiento de "vacío" y desesperanza) relacionado con la disminución de la luz solar. Es de esperar una fuerte agudización de este trastorno en ocasiones en que se producen cortes en el suministro de la energía eléctrica. Ya en este caso la extensión de la jurisdicción médica llega a extremos impensables: se trata de medicalizar el crepúsculo. Una solución no farmacológica sería llenar de potentes luminarias, pueblos y ciudades.

- Compulsivo de ir de compras: por último, en esta verdadera galería de la infamia aparece un trastorno que afecta a personas que adquieren cosas innecesarias en demasía, con empleo excesivo de tiempo y dinero y con repercusiones económicas, familiares o legales. Otra vez la versión privatizadora de la Psiquiatría neo-liberal, que le debe más a Milton Friedman que a Henri Ey. Ningún análisis acerca de la sociedad de mercado, o la decisiva influencia de las publicidades y el marketing, que propone permanentemente la compra de cosas innecesarias. ¿Qué mejor ejemplo en este sentido que el de comprar, entonces, Citalopram (Celexa®), del laboratorio norteamericano Forest para resolver este trastorno?

Parte II: f) Algunas voces críticas

> *Preparémonos. Lo peor está por venir: el DSM V, una pandemia de trastornos mentales. Abriendo la caja de Pandora: las 19 peores sugerencias del DSM V.*
> *(Frances)*

Muchas voces críticas se hicieron oír a partir de la publicación de los manuales de diagnóstico, sobre todo a partir de la publicación del DSM III, III R, IV y V:

1. Por un lado, en Argentina y otros países, profesionales de distintas disciplinas elaboraron un documento crítico titulado *Consenso de Expertos del Área de la Salud acerca del llamado TADH* [http://www.jorgegaraventa.com.ar/consenso.htm]:

En dicho documento se afirma, entre varias cuestiones, las siguientes:

- Asistimos a una multiplicidad de "diagnósticos" psicopatológicos y de terapéuticas que simplifican las determinaciones de los trastornos infantiles y regresan a una concepción reduccionista de las problemáticas psicopatológicas y de su tratamiento.
- Los niños son medicados muy tempranamente con una medicación que no cura y que, en muchos casos, disimula sintomatología grave, la cual hace eclosión *a posteriori* o encubre deterioros que se profundizan a lo largo de la vida.
- En lugar de un psiquismo en estructuración, en el que el conflicto es fundante y en el que todo efecto es complejo, se supone, exclusivamente, un "déficit" neurológico.
- Hay oposición a la idea de que el diagnóstico puede ser hecho por padres y/o maestros a partir de cuestionarios, como si fueran observadores no implicados.
- El cuestionario utilizado habitualmente está cargado de términos vagos e imprecisos.
- Las drogas usadas tienen contraindicaciones y efectos secundarios importantes.

El documento está firmado por Silvia Bleichmar, Beatriz Janin, Ricardo Rodulfo, Marisa Rodulfo, León Benasayag, Jaime Tallis, Juan Carlos Volnovich, Mónica Oliver, José R. Kremenchusky, Mario Brotsky, Sara Slapak, Isidoro Gurman, Estela Gurman, María Cristina Rojas, Gisela Untoiglich, Jorge Garaventa, Isabel Lucioni, Mabel Rodriguez Ponte, Rosa Silver y Juan Vasen, entre muchos otros.

2. En el año 1998 el Dr. Loren Mosher presenta su carta de renuncia a la A.P.A. después de una trayectoria de muchos años, y en el texto expresa, entre otros conceptos, los siguientes [https://cchrlatam.org/documentos/docs/Carta_de_renuncia_del_DR_Loren_Mosher_a_la_AP.pdf]:

- En este momento, la psiquiatría ha sido comprada casi por completo por las compañías farmacéuticas.

- Ya no debemos entender a las personas en la totalidad de sus contextos sociales, en lugar de eso tenemos que realinear los neurotransmisores de nuestros pacientes.
- No quiero ser parte de una psiquiatría de opresión y de control social.
- El DSM IV es un invento de la psiquiatría que tiene por objeto buscar la aceptación de la medicina general. Internamente se sabe que es más un documento político que científico.
- Se trata de tecnologías que buscan manipular la vida antes que tratar la enfermedad.
- Hay un borramiento de los límites entre lo natural y lo artificial, y hoy la biotecnología avanza proponiendo mejores hijos, diagnóstico prenatal, selección de embriones o su modificación, mejoramiento mediante uso de fármacos, mejoramiento para el desempeño deportivo superior, cuerpos sin edad y almas felices mediante la familia de drogas inhibidoras selectivas de la recaptación de serotonina.

3. El National Institute of Mental Health EE.UU. (NIMH), que es el mayor proveedor de fondos para la investigación en salud mental, decide abandonar el uso de un manual que [https://autismodiario.org/2013/05/16/el-national-institute-of-mental-health-de-ee-uu-no-usara-el-dsm-5/]:

> (…) determina cientos de patologías con criterios siempre muy acordes a las necesidades de la industria farmacéutica.

- Que, al introducir el paso desde una concepción categorial a otra dimensional, produjo que se desdibujaran las fronteras entre lo normal y lo patológico.
- Que reduce el número de indicadores para la evaluación, por lo que muchos sujetos que antes eran considerados normales ahora ya no lo son.
- La sobremedicación es imposible sin el sobrediagnóstico que promueve el manual.

La ruptura del NIMH con el DSM implicó un duro golpe para las desmedidas aspiraciones de la A.P.A. y trajo aparejado que se sumaran al rechazo decenas de instituciones vinculadas a la salud mental, como la Asociación Americana de Psicología cuya postura es apoyada por más de 50 organizaciones de la salud mental en todo el mundo.

4. Con fecha 17/05/2011 se da a conocer en varios idiomas el Manifiesto STOP DSM, que expresa, entre otros puntos, los siguientes [https://www.sepypna.com/documentos-y-publicaciones/documentos/2011-04-14-manifiesto-stop-dsm/]:

- Asistimos al devenir de una clínica cada vez menos dialogante, más indiferente a las manifestaciones del padecimiento psíquico, aferrada a los protocolos y a tratamientos exclusivamente paliativos para las consecuencias, y no para sus causas.
- Los contenidos de esta taxonomía psiquiátrica responden mucho más a pactos políticos que a observaciones clínicas.
- Finalmente, queremos llamar la atención del peligro que supone para la clínica de las sintomatologías psíquicas que los nuevos clínicos estén formateados deliberadamente en la ignorancia de la psicopatología clásica, pues responde a la dialéctica entre teoría y clínica, entre saber y realidad.

5. En el mes de junio del 2011 se redacta la Carta de UNASUR, en la que se afirma lo siguiente [https://www.cppm.org.ar/wp-content/uploads/2012/08/Carta-de-la-UNASUR.pdf]:

- *"La ampliación del poder médico minaba las posibilidades que las personas lidiasen con el sufrimiento y con las pérdidas derivadas de la propia vida, transformando los dolores de la vida en enfermedades".*
- *"Cuestiones colectivas son tomadas como individuales, problemas sociales y políticos son transformados en biológicos".*
- *"Iguala el mundo de la vida al mundo de la naturaleza".*
- *"Es central tener en cuenta las vicisitudes de la constitución subjetiva y el tránsito complejo que supone siempre la infancia y la adolescencia, así como la incidencia del contexto".*

6. En mayo/12, en el marco de la Feria del Libro de Bs. As., profesionales de la salud y de la educación, en el marco de la Campaña Internacional *Stop DSM!* y con la participación de representantes del *Forum Infancias* de Argentina y el *Fórum sobre Medicalização da Educação e da Sociedade* de Brasil, desarrollaron los temas que trabajan conjuntamente, y propusieron el armado de redes para pensar el sufrimiento infantil y ofrecer la escucha a niños, adolescentes y adultos a su cargo. En el encuentro, y en el marco del panel *La infancia medicalizada. Situación en Argentina y Brasil*, se relanzó la Carta de la UNASUR, redactada en conjunto en junio del 2011. [http://www.scielo.br/scielo.php?script=sci_arttext&pid=S0103-73312017000300641].

7. En el año 2014 el Dr. A. Frances publica su libro *¿Somos todos enfermos mentales?*

No se trata, en este caso, de un ignoto autor, sino del psiquiatra que fuera parte del equipo directivo que elaboró el DSM III, y luego su revisión, y presidente del grupo de trabajo que produjo el DSM IV. En los últimos años escribió un contundente ensayo en contra de la creciente medicalización de la población, que convierte a millones de personas en enfermos psiquiátricos y consumidores consuetudinarios de psicofármacos.

El autor señala, en primer lugar, la pobreza evidente que se observa en la redacción del manual, en el que abundan las imprecisiones e incoherencias, aunque lo más cuestionable tiene que ver con el contenido explícito porque podría incrementar ostensiblemente las tasas de trastornos mentales supuestos, y ello aparece sobre todo por la invención de nuevos diagnósticos que podrían ser extremadamente comunes en la población general.

Refiriéndose a los nuevos trastornos, el autor cita algunos de los más problemáticos y muestra cómo aumentaron en número, así como también el campo semántico de muchos de ellos, como el famoso TDAH, ya que permite el diagnóstico basado sólo en la presencia de síntomas, sin requerir discapacidad y, además, reduce a la mitad el número de síntomas requeridos para adultos. El diagnóstico de TDAH también se contempla en presencia de autismo, lo cual implicaría la creación de dos falsas epidemias e impulsaría el aumento en el uso de estimulantes en una población especialmente vulnerable.

8. Un estudio publicado en abril de 2006 en *Psychotherapy and Psychosomatics* reveló la relación entre los laboratorios y el DSM. Lisa Cosgrove, psicóloga de la Universidad de Massachussets, y Sheldon Krimsky, profesor en la Universidad Tufts, realizaron un estudio publicado bajo el título de *Nexos Financieros entre los Miembros del Panel del DSM IV y la Industria Farmacéutica.* [http://www.diariosigloxxi.com/texto-diario/mostrar/31651/manual-dsm-criticado-nexos-companias-farmaceuticas].

El estudio reveló que más de la mitad de los 170 miembros del panel de responsables del DSM tenían nexos financieros ocultos con los laboratorios, cifra que se incrementaba al 100%, para el caso de aquellos "expertos" encargados del panel sobre trastornos de la personalidad[51].

Según esa investigación, los "trastornos de la personalidad" ("depresión", el trastorno "bipolar" y la "esquizofrenia") son tratados con un volumen tal de fármacos que, sólo en los EE. UU. en 2004, las ventas de antidepresivos ascendieron a más de U$S 20 mil millones, y las de neurolépticos a más de U$S 14 mil millones. Asimismo, el estudio denunció que en 2003 la industria farmacéutica le pagó a la revista de la *American Psychiatric Association* U$S 7,5 millones en concepto de publicidad, y que esa cantidad fue incrementada en un 22% hasta llegar a la suma de U$S 9,1 millones en 2004.

> Ya no debemos tratar la cuestión de la enfermedad psicológica como un asunto del dominio individual cuya resolución es de competencia privada; justamente, frente a la enorme privatización de la enfermedad en los últimos 30 años, debemos preguntarnos: ¿cómo se ha vuelto aceptable que tanta gente, esté enferma? La "plaga de la enfermedad mental" en las sociedades capitalistas sugiere que, más que ser el único sistema social que funciona, el capitalismo es inherentemente disfuncional. (Fisher, 2014, p. 45).

9. www.ritalindeath.com es una web creada por padres en el año 2001 cuyos hijos murieron por el uso de drogas para tratar el TADH. Su propósito es proporcionar a los padres y tutores, información sobre el diagnóstico y los riesgos que conlleva el uso de medicamentos en niños desde temprana edad. La página advierte entre los años 1990 y 2000 hubo 186 casos de muerte por consumo de metilfenidato.

10. El Dr. Fred Baughman, neurólogo de adultos y de niños, y Miembro notable de la Academia Americana de Neurología, expuso ante el Congreso de EE.UU., la Unión Europea y el Parlamento de Australia Occidental (además de enviar una carta a la entonces Fiscal General de Estados Unidos, Janet Reno) que el TADH se había constituido en el mayor fraude en el cuidado de la salud de la infancia en la his-

---

51 La investigación de Cosgrove pone en evidencia lo lejos que estamos de Sabín y Salk, que no patentaron sus vacunas anti-poliomielíticas por considerarlas un beneficio para la humanidad.

toria americana al ser diagnosticada como si fuera una enfermedad real y estar conduciendo a la drogadicción a millones de niños normales. [https://books.google.com.ar/books/about/El_Fraude_de_TDAH.html?id=7lnzJgAACAAJ&redir_esc=y].

11. En el año 2011 el Dr. J. Vasen publica *Una nueva epidemia de nombres impropios: el DSM V invade la infancia en la clínica y las aulas*, donde muestra cómo el paradigma dimensional flexibiliza las diferencias entre lo normal y lo patológico, ampliando así la base de niños pasibles de ser etiquetados y medicados. Plantea, asimismo, *cómo la tecnociencia toma bajo su cargo el control de la subjetividad*, y el sujeto es convertido en un objeto mensurable bajo la supremacía de una ideología disciplinaria y disciplinante por sobre una ética de la libertad.

———— ◆ ————

Parte III: La Infancia amenazada

Los procesos de medicalización de la vida hicieron gala de su máxima crueldad al poner bajo su jurisdicción a toda la infancia, inventando decenas de trastornos no probados y haciendo del niño el responsable de su propio padecimiento[52].

No se toma en cuenta la decisiva influencia que tienen las nuevas condiciones de época, la declinación de la función paterna, los cambios en los procesos de subjetivación y en las estrategias de crianza ni la irrupción decisiva de las nuevas tecnologías de la información.

La sociedad terapéutica y el realismo capitalista neo-liberal, en una suerte de asociación ilícita, terminan medicalizando aquello que ellos mismos producen y promueven.

La declinación de la función paterna al interior de la familia y el desinvestimiento de la función adulto en lo social, vinculadas ambas al prohibir para habilitar, dejan al niño en primera línea frente a la intemperie, el desamparo y el sin-sentido. Deja tras de sí una infancia expuesta a lo instantáneo y múltiple, en un presente suelto y des-anudado, sin ritua-

---

52 En el año 2003 la propia American Psychiatric Association reconoció que la ciencia del cerebro no ha avanzado al nivel en que los científicos o clínicos puedan señalar ya las lesiones patológicas o las anormalidades genéticas que, en sí mismas, sirvan como bio-marcadores confiables y precisos de un trastorno mental determinado.

les que vinculen a tradiciones familiares y colectivas, y sin relatos que tiren del presente hacia porvenires posibles.

Prohibir sin habilitar lleva al autoritarismo, que durante milenios caracterizó a la función paterna, pero habilitar sin nada por prohibir arroja al vacío y hace que el deseo sea obligatorio.

No se pueden dejar de lado los signos de la época, los profundos cambios que introdujeron la aparición de la televisión, internet, las redes, los flujos de información, que se distribuyeron al mismo tiempo por todo el planeta, y a gran velocidad.

Se vive en un **mundo hiper-kinético** en el que los niños que asisten al Nivel Inicial ya tienen que manejar una agenda para poder gerenciar el tiempo acelerado.

Se trata, asimismo, de un **mundo des-atento** que se despreocupa de toda la atención que requieren niños, adolescentes, adultos mayores o personas en situación de pobreza estructural.

Es también un **mundo ansiógeno**, que obliga a atender múltiples cuestiones a la vez, a hacer *zapping*, a superficializar los contactos y a miniaturizar los desafíos cognoscitivos.

En otro sentido, se trata de un **mundo fóbico** que promueve las conductas evitativas y que produce el paradójico efecto de que, al mismo tiempo de que las distancias en el espacio se achican, el contacto con los otros se hace cada vez a mayor distancia, mediado por las redes. Niños, adolescentes, jóvenes y no pocos adultos, en este sentido, no hacen uso de las redes sociales, sino que *"viven dentro de ellas"*.

Se trata de un mundo donde los rebeldes son tildados de oposicionistas y desafiantes y los soñadores[53] pasan, también, a formar parte del universo de los trastornados.

> Suele aceptarse que ciertas anomalías constitucionales juegan un papel clave en la génesis de estos trastornos, pero de momento no se conoce una etiología específica. En los últimos años se ha difundido el término diagnóstico de "trastorno por déficit de atención". Sin embargo, este término no se utiliza aquí porque implica un conocimiento de procesos psicológicos del que se carece y llevaría a incluir a niños con preocupaciones ansiosas, apáticos y *soñadores*, cuyos problemas son probablemente de diferente naturaleza. No obstante, está claro que, (*sic*) desde el punto de vista del comportamiento, el déficit

---

53 Ver *CIE X, F 90 Trastornos hipercinéticos* (1992), de la OMS.

de atención constituye un rasgo central de estos síndromes hipercinéticos. (OMS, 1992, F90).

Tanto el DSM IV como el V procuran instituir un nuevo estatuto de infancia según el cual el niño normal y sano es aquel que debe mantenerse quieto, que acepta renunciar al egoísmo y *prestar* generosamente su atención, y que, además, no debe ser soñador, ni desafiar al adulto o hacer rabietas que molesten a sus padres. Tiene que volver a ser bueno, dócil y maleable, leer bien de corrido y escribir cada vez mejor y que, finalmente, en lo posible, no cuente con hermanos, ni que sus padres estén separados.

Otro efecto palpable de este insidioso avance hacia la infancia y la escuela es que los profesionales de la Neurología y la Neuropsicología procuran asumir el relevo de los expertos en Pedagogía, Didáctica y Psicología del niño para conducir la acción educativa en el nuevo milenio.

Sus padres y maestros son, a su vez, considerados observadores calificados, objetivos y neutrales a la hora de evaluarlos para diagnosticarlos en base a instrumentos precarios, como el cuestionario de Conners[54]. La escuela, los docentes y las propuestas de enseñanza están también fuera de todo análisis.

En el caso de la institución escolar, la Psiquiatría neo-liberal post Friedman toma a su cargo problemas específicos del campo educativo en un verdadero acto de expropiación y los pone bajo su jurisdicción exclusiva. Ello ocurre, por ejemplo, con los llamados "problemas de aprendizaje" o los "problemas de conducta", categorías muy imprecisas y que requieren ser problematizadas institución a institución, caso a caso, revisando y problematizando las estrategias de enseñanza y el dispositivo disciplinario-disciplinante, entre otras cuestiones[55].

Los profesionales alineados en este paradigma ultra-simplificador manipulan un organismo allí donde hay un cuerpo que habla sin que

---

54 Manual para la aplicación, calificación e interpretación de la escala de Conners *para padres/maestros*.

55 Una escuela primaria en donde la docente de primero enseña con método global, la de segundo en base a las investigaciones de E. Ferreiro y la de tercero abreva en el cognitivismo, constituye un problema que involucra a la oferta de enseñanza y a la gestión directiva de la institución, pero que afecta el aprendizaje de los estudiantes. Si el niño sobrevive a esa disparatada experiencia, es un genio. Es descabellado, entonces, proponer una categoría universal nominada como Problemas de aprendizaje e incluirla en un manual de trastornos mentales sin considerar la enseñanza y hasta la propia gestión directiva.

nadie lo escuche. No conoce, no sabe ni supone que entre organismo y cuerpo hay una brecha, que no son lo mismo, que las travesías singulares y las vicisitudes padecidas dejan huellas visibles y audibles en el proceso de constitución de todo sujeto. Desconocen igualmente que el propio concepto de infancia (como el de adolescencia o juventud) exceden lo cronológico y resultan de un complejo proceso de construcción social, histórico y cultural.

La incoherencia de la oferta de enseñanza en los distintos ciclos, niveles y modalidades del sistema producen fracaso escolar masivo. Éste es un tema que compromete a la gestión directiva directamente, y que es prioritario porque produce repitencia, pero no a causa de un problema cerebral de ese niño, sino como consecuencia de impericia o ignorancia en quienes enseñan y quienes dirigen la institución. Pero pareciera ser que tampoco hace falta revisar esto. El problema está *en* el alumno, no en la estrategia de enseñanza. En la provincia de Córdoba, por ejemplo, la secundarización del 7° grado del Nivel Primario produjo que niños de 11 y 12 años ingresaran muy tempranamente al sistema secundario, lo que hizo muy difícil su inserción en éste e incrementó notablemente los índices de repitencia[56].

Tampoco es objeto de consideración el exotismo en la experiencia de escolarización que afecta específicamente a niños y jóvenes que pertenecen a grupos sociales subordinados y que, como efecto directo de la agudización de los procesos de desigualdad, acarrean como corolario que resulten mucho más ostensibles las diferencias entre posiciones, lo que impacta directamente en su trayectoria escolar real. En expresión de muchos de ellos, los profesores o maestros son vistos como representantes de otra cultura, con otro lenguaje, otra gestualidad, otro vestuario.

Desde la academia hubo planteos que tampoco ayudaron mucho a proteger la infancia: aparecieron textos que hablaban de su fin (Postmann, Lewkowicz y Corea).

Lo que murió, en todo caso, es un tipo particular de infancia forjado en los ideales de la modernidad y en el marco de la institución escolar, y lo que agoniza produciendo efectos devastadores es la "función adulto" en lo social.

---

56 En el diario *Clarín*, de fecha 22/04/2007, en las páginas 40 y 41 se publica un artículo en la sección "Vida Cotidiana", titulado "Chicos inquietos y desatentos": alertan que 200.000 niños van a la escuela medicados.

También, y a tono con lo dicho, existe el riesgo de insistir demasiado con la idea de las múltiples infancias, adolescencias y juventudes porque dejan en manos de ellos la producción de una experiencia que es social y subjetiva a la vez, y que requiere, aún en estos tiempos, la decisiva intervención del adulto.

El propio director del DSM IV, el Dr. A. Frances, reconoció que el TADH se hizo pandémico, al igual que el trastorno bipolar en niños cada vez más pequeños. Resultado directo de esta febril tendencia a fabricar enfermedades y a sobre-diagnosticar es el aumento desmesurado del consumo de psicofármacos en la población general. Los niños son medicados desde muy temprana edad sin que se conozca con certeza los efectos de este consumo precoz para el mediano y largo plazo. Miles de ellos asisten medicados a la escuela porque sus padres, bajo prescripción de los neuro-pediatras, les administran la famosa Ritalina, que[57]:

> (...) es la única pastilla que la toma el niño pero hace efecto en el adulto.

Auténtico prodigio de la farmacología: se trata de una pastilla que hace efectos en aquel que no la tomó. Los tranquiliza porque implica una des-responsabilización de sus supuestos errores en la crianza. Los padres se convencen de que nada tienen que ver con lo que le pasa a su hijo/a, que todo es una cuestión que escapa de sus manos.

Es más, en ocasiones ellos sólo esperan y sienten que cuando su hijo toma el fármaco, puede manifestarse su yo verdadero, muy próximo al hijo que creen haber criado.

> Se trata además de diagnósticos que desconocen que hay más padres depresores que niños depresivos, más padres ansiógenos que niños ansiosos y más padres psicotizantes que niños psicóticos.

Esto es una cuestión de clínica y, por tanto, un tema que debe delimitarse muy bien a la hora de diagnosticar una patología psíquica en un niño o adolescente, pero para ello los psiquiatras deben contar con una preparación que ya no tienen.

---

57 El metilfenidato es un estimulante del sistema nervioso central con propiedades farmacológicas similares a las anfetaminas. Corresponde a los Estados Unidos más del 80% del total de la producción y consumo mundiales de esta sustancia, según datos del JIFE/2007. Por su parte, la atomoxetina es un agente simpático-mimético, inhibidor selectivo de la captación del neurotransmisor norepinefrina.

Psiquiatría neo-liberal, privatizada, pero también informatizada con lo que el especialista en la consulta dirige su mirada más a la pantalla de su computadora personal que al propio paciente.

Psicología Evolutiva de un lado del espejo, trastornos generalizados del desarrollo del otro. La química regulando procesos de subjetivación como relevo ante el declive y la desarticulación de las instituciones modernas. Los problemas de la vida son sacados de la esfera privada y su tratamiento se delega en supuestos "expertos" que prescriben cómo vivir, cómo criar, cómo enseñar.

La escuela y los procesos de escolarización no quedaron exentos, entonces, de ser colonizados por el avance inusitado de la Psiquiatría neo liberal, las neurociencias, los fármacos y las terapias cognitivo-conductuales, y se ha transformado en la principal proveedora de niños molestos para el mundo adulto, a los consultorios de los neuro-pediatras. Muchos docentes recomiendan a padres atribulados por el bajo rendimiento o los problemas de disciplina de sus hijos, concurrir a dichos especialistas, y se valen para ello de un término extraño a la jerga pedagógica: "*derivación*".

Hay que ser claros en esto. Derivación no es un concepto pedagógico ni forma parte del dispositivo de enseñanza. Pero, además, los docentes no están habilitados para derivar, por carecer de la formación necesaria para ello. No hay ningún contenido en su formación que los faculte para hacerlo. Sin embargo, en muchas ocasiones la escuela se transformó en el espacio inaugural del proceso de medicalización de un determinado alumno.

> Los docentes no están habilitados a realizar diagnósticos en salud mental ni llenar planillas u otro tipo de inventarios no oficiales que, bajo distintos formatos o denominaciones, tengan como objetivo final constituir un insumo para establecer algún indicador diagnóstico en salud mental (...) y, la realización de determinados tratamientos, la toma de medicación o la certificación de discapacidad no pueden condicionar el derecho a la educación y a su ejercicio pleno, es decir, la asistencia o permanencia del NNyA en la escuela. (Ministerios de Educación y Salud de la Nación, 2015, pp. 8-10).

No deja de ser cierto que estudiando la historia de la educación se advierte que la alianza entre el discurso pedagógico (prescriptivo por naturaleza) y el discurso médico[58] nunca trajo beneficios para los procesos de escolarización.

Muchas veces los docentes, impactados por la alta consideración social que se adjudica a los médicos, imprudentemente, no sólo siguen de cerca el tratamiento, sino que, también, en ocasiones llegan hasta a administrar el medicamento al niño, saliendo de su rol para pasar a ser auxiliares del especialista.

En algunos colegios privados los padres son enviados, directamente por la escuela, a neurólogos y psiquiatras infantiles que, luego de realizar un diagnóstico descriptivo sintomal, a partir del DSM IV, indican la medicación, y en algunos casos, como única terapéutica.

A la hora de realizar un análisis más exhaustivo, no se puede dejar de lado que se trata de una:

> (...) escuela inmóvil en una sociedad hiper-kinética y desatenta, escuela hipo-kinética para los niños de estas últimas generaciones y ante un mundo de la vida que hace de la rapidez, la fragmentación y la simultaneidad signos de la época. Escuela que debe re-pensarse, tornarse más habitable. Escuela en la que cambió la gestión directiva, curricular e institucional, pero no así el aula. Con severos problemas de repitencia, pero no por parte de los alumnos, sino de los propios docentes que se repiten aula a aula, clase a clase, año a año. (López Molina, 2008, p. 127).

El lugar en que debe posicionarse la escuela es el de la promoción de la salud. Ese es un buen lugar para de-construir estos procesos de medicalización, estigmatización y patologización de la vida, la infancia y la escuela; procesos que ponen en riesgo la libertad del sujeto y su derecho al malestar o a la distracción.

En las actuales condiciones de época, se patentizan dos desajustes mayúsculos:

- el primero se da entre lo que los niños viven dentro y fuera del aula y de la escuela, en tanto que,

---

58 Parafraseando a T. Abraham, se podría decir que la Pedagogía es una disciplina histérica que seduce, pero no consuma, aunque excita: ha intentado seducir a la Filosofía (desde Platón a Ranciere), a la Psicología (Gesell, Piaget, Bruner o Ausubel), a la Sociología (Bourdieu), aunque ahora, a decir verdad, intenta ser colonizada por la cerebrología.

- el segundo se da entre las matrices formativas de los docentes y los nuevos modos de ser niño, adolescente o joven.

Se trata de sujetos que consumen masivamente cultura extra-escolar, que presentan períodos de atención muy breves para los tiempos que reclama la enseñanza, habituada a una temporalidad de otras épocas. En muchas ocasiones, pareciera ser que los tiempos de la clase no se ajustan a sus hábitos de percepción.

El TDA/H constituye en la actualidad un analizador que permite visualizar y tornar perceptible el fenómeno de medicalización/medicamentalización a través del desmesurado consumo de psicofármacos en la población infantil. Queja familiar y/o escolar, diagnóstico profesional, clasificación y medicación se complotan para acallar lo que en el síntoma se cifra, matan al mensajero y tranquilizan así la conciencia de los adultos significativos.

En los últimos años, en Estados Unidos, Hillary Clinton ha denunciado el aumento del 700% de niños pequeños medicados con ritalina en el curso de los últimos 5 años. Allí, más de 5.000.000 de niños toman un antidepresivo o un estimulante por día.

De acuerdo con un artículo publicado en el *Journal of the American Medical Association*, entre 1991 y 1995 el número de niños de entre 2 y 4 años que toma Ritalin se duplicó, y la tendencia es creciente. Otro estudio realizado entre 1995 y 1999 por el IMS Health indica que el uso de antidepresivos como Prozac entre chicos de menos de 6 años aumentó en un 580%. Frente a semejantes estadísticas, Hillary Clinton por ese entonces, lanzó una campaña destinada a enfrentar lo que todos los expertos consideran como un fenómeno preocupante. La ex-primera dama presidió una reunión de funcionarios de salud pública, psiquiatras, pediatras, psicólogos, enfermeras, asistentes sociales y padres de familia en la Casa Blanca, en la cual se discutió el uso de esos medicamentos en niños menores de 6 años. Al final de tal encuentro, manifestó que la situación era muy crítica y planteó algunos interrogantes: ¿Cuáles son los efectos que este tipo de medicamentos está teniendo en nuestros chicos? ¿Cuál será el impacto de drogas que han sido concebidas para adultos sobre un cerebro que recién comienza a desarrollarse? ¿Por qué no combinan mejor el uso de drogas con terapia familiar y otro tipo de métodos para modificar las conductas? (*Clarín*, 21/03/2000).

Un niño o niña que sufre situaciones de violencia física, emocional y psicológica al interior de su familia, cuando está en otro lugar está atento a toda manifestación hostil que allí encuentre, y si está en la escuela seguramente su atención se verá menoscabada. Eso no constituye de ningún modo déficit en su atención, sino que será resultado de su convivencia familiar violenta.

En el año 1999 llegó a conocimiento de un equipo técnico perteneciente al Ministerio de Educación de la provincia de Córdoba el caso de una niña de primer grado a la que la docente "derivó" a un especialista de Córdoba, el que rápidamente la diagnosticó con ADD y prescribió la pastilla mágica. Según la maestra, la niña no sabía la serie numérica cuando pasaba al pizarrón. Las entrevistas mostraron que la niña sabía sumar y restar, por lo que era imposible que no supiera la serie numérica. Relevada su historia familiar apareció que era la cuarta hija de un matrimonio que tenía tres hijos mayores, y que el último de ellos le llevaba una diferencia de 5 años. Al año de haber nacido tuvo un hermano con el cual mantuvo una relación muy cercana. Ese niño murió luego de padecer una enfermedad muy grave, lo que la afectó tremendamente, y cuando pasaba al pizarrón escribía: 1, 2, 3, y de allí saltaba al número 6. Es decir, no podía escribir el número 4, que en el orden de los hermanos era ella, ni el 5, que era el lugar que ocupaba su hermano en la serie fraterna.

———— ◆ ————

Parte IV: Algunas Propuestas generales y específicas

Una de las primeras recomendaciones sería que, para las próximas ediciones, se incorporen algunas nuevas categorías de trastornos no consignadas en la V versión como, por ejemplo, la *Tendencia compulsiva a inventar enfermedades, asociada en ocasiones con un narcisismo exacerbado que exceptúa a su autor de toda afección ya consignada en el presente manual.* Y ello porque se trata, en todos los casos, de Manuales que cierran con toda la humanidad adentro y que sólo dejan afuera a quienes lo escribieron, lo que conforma así una suerte de oligarquía psiquiátrica olímpica.

¿Qué hacer ante tamaño avance de la jurisdicción médica hacia el control total de la subjetividad humana? ¿Qué hacer desde el Estado, los medios, la escuela o la familia?

Se trata de enfrentar un problema monumental que debe ser resistido decididamente, porque los adversarios son muy poderosos y cuentan con herramientas que hasta ahora le dieron muy buenos resultados financieros. Caso contrario, la humanidad se dirigirá raudamente hacia lo que Huxley describió ya en *Un mundo feliz* (1932).

El Estado debiera contar con datos estadísticos actualizados sobre la cantidad de casos diagnosticados, la cantidad de niños medicados con psicofármacos y, sobre todo, ejercer una mayor vigilancia para impedir el diagnóstico excesivo de TDAH. También amerita ejercer un control estricto sobre los laboratorios y las estrategias de marketing que se ponen en juego para atraer a las familias, articular políticas entre Educación, Salud, las universidades públicas y Ciencia y Tecnología para sensibilizar a la comunidad y controlar que se haya cumplido con las normas éticas de ensayos clínicos.

Se necesita construir una filosofía del presente para salir del estado de perplejidad propio de las actuales condiciones de época, en las que reina la incertidumbre[59]. Una filosofía que dé algún sostén al vivir, alguna interpretación posible a la dispersión, alguna universalidad a la fragmentación. Pero, también, precisamos de una ética que sirva de guía para la acción. Una ética del bien decir, del bien hacer, una ética basada en el reconocimiento y respeto por el semejante y por su originalidad.

> Precisamos una filosofía y una ética, necesitamos más a Kant y a Shakespeare que a Paulo Coelho y al Gauchito Gil, necesitamos una filosofía que resignifique los ideales de la Modernidad, y una ética que mantenga a raya al monstruo pero sin matarlo, pero que asimismo le marque los límites a una ratio que se presume providencial y luego se cobra el costo de su fracaso en vidas. Necesitamos de ambas para pensar estratégica y globalmente y luego poder intervenir localmente, pero también para pensar localmente para poder innovar globalmente. Comprender e interpretar los nuevos escenarios, al mismo tiempo que tener la mirada y la escucha atenta para pesquisar los lamentos de la subjetividad, el críptico lenguaje de los cuerpos y las trampas de la memoria. (López Molina, 2008, p. 136).

---

59 Quien hace algo parecido a lo que aquí se propone es el filósofo Darío Gabriel Sztajnszrajber (significa "el que escribe en piedra") con su programa titulado *Mentira la verdad*, y que es seguido por muchísimos jóvenes.

Parte IV: a) Recuperar la Función Adulto (tanto en el espacio familiar como en el escolar y social)

Hoy niños, adolescentes y jóvenes habitan un mundo donde la "función adulto" está en retirada, ya porque ha renunciado a ocupar ese lugar, ya porque teme perder el amor del hijo cuando pone límites a su accionar. No leen que más allá de la queja de ese niño, adolescente o joven hay una demanda implícita, un llamado para sus mayores, que parecen estar "en otra cosa". El juego en la adolescencia es justamente ese "poner límites para que el hijo se pelee con ellos". No se puede olvidar que no se nace con los "No" puestos, sino que ellos siempre vienen desde fuera.

Empero, pareciera ser que el mundo adulto no quisiera reconocerse en las nuevas generaciones y con ello se des-responsabilizara de haber tenido algo que ver en la constitución de esos niños y jóvenes que interpelan hasta sus cimientos las representaciones por años consolidadas.

Hoy sabemos que los procesos de subjetivación se enmarcan en las condiciones de época, en los modos particulares con que cada sociedad define la condición infantil, adolescente y juvenil. El poder, los discursos y las instituciones convalidarán, a su debido tiempo, tales definiciones.

Recuperar la "función adulto" implica, por un lado, posicionarse como un Analista Simbólico, conocedor y crítico de las Nuevas Condiciones de Época (caso contrario, no va a poder encontrar las claves para descifrar las manifestaciones de sus hijos o estudiantes), mientras que, por otro lado, implica, también, transitar, como lo advertía Freud, por el justo medio entre el *Escila* del prohibir y el *Caribdis* del dejar hacer. El lugar de la mesura, no el de la *hybris* o el no-intervencionismo. La prohibición tiene sentido y la lección surte efecto cuando, a partir de ella, algo se habilita.

La ley universal de prohibición del incesto, ley cultural que tiene la fuerza de una ley natural, prohíbe el intercambio sexual entre los miembros de la misma familia, pero, al mismo tiempo, habilita a poder tenerlo con un miembro de otra. Caso contrario, las familias serían endogámicas y no habría intercambio. Prohibir sin habilitar lleva al autoritarismo. Habilitar todo, sin prohibir, conducen al desamparo y al des-cuido, y transforma al deseo en obligatorio.

Mantener la asimetría padres/hijos, maestro/alumno es también fundamental. Ayuda a soportar la oposición, sin que ello implique ruptura de la relación. Se puede ser amigable con los hijos y con los estudiantes, más no amigo. Hoy muchos progenitores y profesores se proponen como pares de sus hijos e hijas, o de sus estudiantes.

Ser adulto implica también ocupar una posición media, en otro sentido: ni tan cerca, para no estar encima ejerciendo un hiper-control, pero tampoco tan lejos como para no saber qué le pasa o en qué anda el otro. Posición intermedia y atenta. Hay que recuperar, del fondo de la historia, el valor de la mesura (Sophrosyne), tan cultivado por la cultura clásica en tanto permite a los mortales resistir las tentaciones de las pasiones humanas (*hybris*).

En un tercer sentido, implica también ocupar una posición media entre los *mass media*, la tecnología y las industrias culturales, por un lado, y los niños, adolescentes y jóvenes, por el otro, al proveerles de criterios para analizar críticamente los mensajes que por esas vías se transmiten. Implica, también, construir autoridad sin necesidad de apelar al poder, la jerarquía o el dominio.

La autoridad ya no se da por añadidura, y ya no basta con ser adulto para poseerla.

Autor-idad remite a autoría y a autorización, e implica ser capaz de producir cambios en el otro porque el otro habilita. Es el otro quien la confiere. El poder y el dominio son otra cosa. El poder es producir cambios en el otro sin que el otro preste su anuencia para estos. Se puede tener poder sin tener autoridad, y se puede tener autoridad, aunque no se tenga poder, incluso desde una posición subordinada. Maquiavelo (Florencia, 1469-1527) decía que tener autoridad implica no tener que usar el poder, porque allí donde se apela al poder es donde ya se perdió autoridad. El dominio, en cambio, tiene que ver con que el otro "me pertenece", por lo tanto, "prefiero por él".

Como expresa K. Millot, si bien no se puede pensar una pedagogía a partir de los desarrollos de la teoría psicoanalítica, sí es posible pensar una pedagogía que tome referencias de la ética del Psicoanálisis y que tiene que ver, entre otras cuestiones, con no transformar una relación asimétrica en una de dominio, y de reconocer en el otro a un semejante, original y diferente a uno mismo.

Parte IV: b) Ver, Observar, Mirar/Oír, Escuchar

Ver y observar no significan lo mismo que mirar, del mismo modo que oír y escuchar tampoco quieren decir lo mismo. Lo que oímos se nos impone al oído: un grito, un vehículo que acelera o frena de golpe, una risa estridente. En cambio, no se escucha de golpe, no se trata de algo que se imponga por su mera capacidad sonora.

Escuchar exige una disposición previa a hacerlo. Tal como ocurre cuando se asiste a un concierto: en un primer momento se oyen los ruidos que provienen del público que está ingresando a la sala y ocupando sus asientos; se oye luego cuando salen los músicos y comienzan a afinar sus instrumentos. Una vez que emerge la figura del director, éste toma la batuta y golpea el atril, y es a partir de ese momento que la sala queda en silencio, y el público se predispone a escuchar el concierto.

La escucha pone en contacto con la singularidad de otro, con su historia de vida, sus avatares, las huellas de su paso por la institución familiar y los acontecimientos por los que atravesó, y que dejaron una marca indeleble en su subjetividad.

Escuchar forma parte de la función materna en el proceso de constitución del sujeto. Es escuchar en la noche ese primer grito que demanda asistencia inmediata. Grito en la madrugada dirigido hacia ninguna parte, pero que recibe una respuesta. Grito proferido desde la más absoluta inermidad en la que se encuentra el cachorro humano, imposibilitado de satisfacerse por sí mismo. Esa madre sabe que es un mensaje hacia ella, esa madre que antes de serlo, dormía profundamente y que ahora, ante el menor movimiento de su hijo, abre los ojos. Escucha materna que poco tiene que ver, entonces, con el mero ejercicio de una función sensorial.

Freud aprendió de Kraepelin a "mirar", y de sus pacientes histéricas, a "escuchar". Desde entonces en análisis los pacientes son escuchados, pero también se escuchan a sí mismos en un saber que no saben que tienen: dicen mucho más de lo que creen (justamente cuando creen haberse equivocado en lo dicho), y dicen mucho menos de lo que saben de sí mismos.

La escucha requiere del silencio, el silencio que invita a hablar; no se trata del silencio de la indiferencia, sino de aquel que crea condiciones para que la circulación de la palabra sea posible y también silencio del inconsciente del analista en el proceso analítico. No mudez.

En la paranoia el sujeto se habla a sí mismo, pero escucha a otro (quien le habla es un otro incrustado). En el Quijote, ese entrañable caballero andante, el personaje principal necesita contar con otro, en este caso, Sancho, para que lo escuche en su camino y para que, así, el relato sea posible.

La Psiquiatría neo-liberal, heredera de Friedman (no de Bleuler, Freud, Jaspers ni Ey), no escucha. Tampoco mira. Sólo habla y lee en sus pantallas, para luego encapsular lo que el otro tiene por decir en los casilleros de su biblia laica.

El adulto claudicante, que se ubica como par, tampoco escucha lo que el niño, adolescente o joven trata de decir. Sólo aspira a ser como él.

En la familia y en la escuela faltan dispositivos y tiempos de escucha para los lamentos de la subjetividad, tanto de alumnos como de los maestros. Sería importante, a este respecto, poder extender a todo el sistema secundario la experiencia de las *Consejerías Escolares*, propiciando la creación de espacios seguros en los cuales los jóvenes pudieran expresar sus problemas y recibir orientación idónea en un ámbito adecuado y confidencial.

En los medios, por su parte, los sujetos exhiben obscenamente su intimidad; lo privado se expone a un público anónimo, tele-vidente y tele-oyente. No se trata de escucha sino de parloteo, y hasta cierta obscenidad.

En las redes, también, en ocasiones se violenta la intimidad, y cuando ello ocurre lo que aparece es la intimidación. Intimidad/Intimidación: se trata de palabras fuertemente vinculadas entre sí.

Parte IV: c) Recuperar "la palabra (amenazada)"
(Bordelois, 2005)

> *Si la palabra sabe más de nosotros que nosotros mismos es porque viene de una tradición de experiencia humana que nos supera en el tiempo y en el espacio (...) nos preceden, nos presencian y se prolongarán mucho más allá de nosotros.*
> *(Bordelois)*

En el capítulo anterior de este mismo texto se analiza la *Función Mensajero* en las obras de los trágicos griegos, y se la describe como aquella encargada de narrar los hechos violentos más horrorosos (filicidio, matricidio, parricidio, uxoricidio, suicidio), de ponerlos en palabras para evitar así mostrarlos ante el público que asistía a las representaciones. Función de *simbolización* y también de *velamiento* que, en el proceso de constitución del sujeto, queda a cargo de los progenitores para no exponer al niño ante el horror.

En *Coéforas*, Antistrofa VIII, el Coro señala la importancia de la razón como guía de la palabra:

> [Escríbelo] a través de tus oídos, *haz pasar el discurso* por el tranquilo camino del pensamiento. (Esquilo, 2014, p. 164).

En *Prometeo encadenado*, Océano interroga:

> ¿No sabes Prometeo que, para un temple enfermo, los únicos médicos son las palabras? (Esquilo, 1996, p. 178).

En el mismo capítulo se retoma también el diálogo platónico *Cármides, o de la templanza*. En él, Platón cuenta que, habiendo llegado Sócrates a la palestra de Taureas, Glaucón, padre de Cármides, le consultó porque el joven desde hacía un tiempo sentía la cabeza muy pesada al levantarse. Ante la pregunta acerca de los posibles remedios, Sócrates le responde:

> (...) que mi remedio consistía en cierta yerba, pero que era preciso añadir ciertas palabras mágicas; que pronunciando las palabras y tomando el remedio al mismo tiempo, se recobraba enteramente la salud, pero que, por el contrario, las yerbas sin las palabras no tenían ningún efecto. (Platón, 1989, p. 79).

También se hace mención a lo consignado por Pedro Laín Entralgo en su obra *La curación por la palabra en la época clásica* (1958), en la que, a lo largo de todo el texto, se pregunta sobre la posible eficacia psicológica y curativa de la palabra.

La palabra proviene del Otro y está, a su vez, siempre dirigida a otro. Palabra dicha por aquel de quien el sujeto incorpora la primera lengua extranjera; palabra que desplaza al grito en la noche y es así que la demanda se tramita a partir de ella y a través de ella.

La palabra viene de atrás, antecede al sujeto, queda marcada en su prehistoria, circula por las generaciones y por las vicisitudes por las que atraviesa el propio sujeto. Ellas ya están allí, incluso mucho antes que el sujeto advenga al mundo.

En el proceso de constitución, el cachorro humano es asido por el lenguaje en el marco de un complejo proceso donde entran en juego su prehistoria, la historia de sus padres, las funciones materna y paterna, su posición social, el paso por las instituciones, y hasta las condiciones de época, en la medida en que interpelan los procesos de subjetivación en los nuevos escenarios de la Modernidad Líquida.

En la familia y en la escuela es imprescindible generar condiciones para que la expresión de la palabra sea posible. Una palabra que sólo será plena en la exacta medida en que haya alguien que crea en ella y le preste escucha.

Estas instituciones de existencia son lugares donde se aprende todo lo que se puede hacer con ellas (ciencia, poesía, metáfora, amor, teoremas, comunidad), y son lugares, también, en los que se debe y puede de-construir lo que las palabras hacen con los sujetos mismos.

En la práctica psiquiátrica, cuando una persona es diagnosticada como esquizofrénica, por caso, genera en el destinatario una identidad deteriorada y, en muchas ocasiones, adopta esa expresión como carta de presentación, en otras palabras, se presenta como esquizofrénico, depresivo o hiperkinético.

Una noche, en el bar al que suelo asistir con frecuencia, una artista conocida trajo a mi mesa a Diego, quien había pintado algunos de los cuadros expuestos en las paredes del local. Se sentó a mi mesa y se me presentó diciendo:

— Hola, yo soy borderline.

Lo miré y le pregunté:

— Ah, creí que te llamabas Diego, o ese es tu apellido?
— Sí –respondió. Me llamo Diego.
— ¿Hace cuántos años que pintás?
— Desde mis 8 años.
— ¿Y ahora cuántos tenés?
— 55 –respondió.
— Diego, vos no sos borderline. Vos sos un artista, vos sos pintor.

Quedó muy sorprendido por mi respuesta, y a cada rato volvía a mi mesa a agradecerme lo que le había dicho. Desde muy chico asistía a psiquiatras, siempre estuvo medicado y, en ocasiones, internado. Ningún profesional le había dicho algo así.

Unas horas después, ya en la madrugada, trajo a mi mesa un cuadro para regalármelo y entonces le dije:

— Diego, ¿qué hacen los artistas con sus cuadros?
— Los venden.
— Así es. Los pintan, los exponen y los venden. No me regales un cuadro. Yo te voy a comprar cuando vea alguno tuyo que me guste.

Hoy, cinco meses después de esa charla, somos amigos. Le compré cuatro de sus cuadros y nos vemos casi todas las semanas en el bar donde nos conocimos.

Palabra dicha o no dicha (como sucede en el a-dictum), dicha a tiempo o a destiempo (oportuna o inoportunamente), escuchada o ignorada, permitida o prohibida, ausente o presente, verdadera, falsa o verosímil, tomada, dada, asumida, resguardada, comprometida, articulada, coherente o incoherente. Palabra que es dirigida a otro y que peregrina por los sinuosos circuitos de la demanda; que ayuda a crecer o que –por el contrario– retiene y esclaviza, que da rienda suelta o hace de obstáculo y condena al sujeto a la repetición. Palabra cuya censura constituye el mayor error que puede cometer un adulto en cuanto que compromete la independencia del pensamiento. Palabra muda de los órganos, palabra oculta en el síntoma. Palabra en la que se materializan sentidos y representaciones, significados que se ofrecen al sujeto y que, en los mejores casos, no se imponen por pura fuerza u obediencia. Palabra que cuando no está, cuando el niño se cría en un mundo que no se la brinda, puede llevar al hospitalismo o al marasmo, y que, cuando es insuficiente o redunda, obstaculiza o satura la posibilidad de simbolización.

La palabra no se agota en una cierta estructura de fonemas y significados prolijamente abrochados, sino que abona la función constitutiva que posee el lenguaje como lugar de significación y de nominación del mundo en tanto ofrece sentidos, historias y representaciones. Sobre esta función constitutiva es necesario que trabaje el docente, ya que él también realiza un ofrecimiento de sentidos y debe dar lugar no sólo a la apropiación por parte de sus alumnos, sino también a generar condiciones para que ellos construyan los propios.

Por las instituciones educativas circulan palabras que remiten a discursos, que traducen ideas, que dan cuenta de saberes disciplinarios, pero, también, de disciplinamientos subjetivos: al rendimiento, al examen, a la institución, al sistema. Se exaltan algunas, se prohíben otras. Se regula su uso según coordenadas espacio-temporales muy precisas (dirección, aulas, patio, salón, vereda, por un lado, días regulares, fechas patrias, tiempo de clases, de reuniones, de recreos, de salidas, por el otro). Se evalúan.

Ellas producen emplazamientos de sujeto, se entrometen por los intersticios institucionales, se muestran como desechos discursivos a través de graffitis y leyendas, se reciclan según los avatares políticos. Prescriben, desde los libros de textos y desde las glosas escolares, modos de ser y, en ocasiones, enseñan a volar, invitan a producir metáfora o a entretenerse y reír con algún teorema.

Conocer los relatos que circulan por una institución da cuenta de su particularidad. Auscultarla, recorrer sus recovecos, reconocer sus ritmos, trayectos y oclusiones son condiciones fundamentales para transformarla y dinamizarla, de modo tal que la pasión por enseñar y el deseo por aprender saquen brillo al saber.

Por todo ello es que es fundamental restituir el lugar de la palabra en la vida institucional, para no sólo transmitir el acervo cultural acumulado a las nuevas generaciones, sino, también, para mostrarla como antídoto contra la violencia y la discriminación.

Parafraseando a Bordelois, se puede decir que cuando la violencia se apodera de la palabra lo que aparece es el insulto, la burla, la ofensa y la blasfemia, pero cuando es la palabra la que se apodera de la violencia, lo que aparece es el arte: Sófocles y Edipo, Shakespeare y Hamlet, Dostoievski y Raskólnikov.

Parte IV: d) Acerca del cuidado

Íntimamente vinculada con los puntos anteriores, la función del cuidado se da tanto en los espacios familiares como en los escolares, ya que en ambos conviven dos o más generaciones, una de ellas, de niños y/o adolescentes. Cuidar es alojar, proteger, acompañar ("compartir el pan"). No es estar encima, no es tampoco meter miedo ("te podés caer, no corras, no grites, no llores").

Es cuidado de sí y es cuidado del otro. Cuidado que no se monta sobre el sufrimiento del cuidador ("yo me voy a sacrificar para que vos puedas recibirte…"). Nada peor que cargar sobre las espaldas con la culpa de que los logros personales se deben a la inmolación de los progenitores. Se trata de responsabilidad, no de sacrificio. Se trata de amar al recién llegado, no de inmolarse por él. Lo mejor que le puede pasar a un hijo/a es ver a sus padres felices como sujetos individuales y como pareja amorosa.

Es cuidar reconociendo en el otro a un semejante, provenga de donde provenga, piense como piense, y es cuidar reconociendo que ese semejante es diferente, es original y que no le pertenece.

Cuidar es, también, posicionarse como adulto responsable; ponerse al medio, justo al medio entre la virtualidad y el niño, entre los avances de las industrias culturales y la población infanto-juvenil, entre el *Escila* del prohibir y el *Caribdis* del dejar hacer.

> Porque más allá de las profundas mutaciones producidas en la concepción moderna de lo que es la infancia y la niñez, de la caducidad de las claves con las que se contaba para descifrar

> sus acciones, de la consecuente perplejidad adulta, de las asom-
> brosas habilidades que ponen en juego muy tempranamente, de
> sus expresiones sorprendentes y en ocasiones geniales, está el
> niño de siempre, que necesita caricias, relatos, cuidado, sentidos,
> y palabra. Necesitan adultos que estén ahí, que sostengan, que
> prohíban y habiliten, que sean referentes para la acción, que
> den respuesta a sus interrogantes y que los acompañen en su
> trayectoria vital. Por eso decimos, SON NIÑOS… A PESAR DE
> TODO (*sic*). (Romera y López Molina, 2016, p. 13).

Cuidar de sí, cuidar a los otros, requiere, a su vez, como condición indispensable, contar con una institución que cuida a los que cuidan.

> La ciencia moderna aún no ha producido un medicamento
> tranquilizador tan eficaz como lo son unas pocas palabras
> bondadosas. (Freud).

Parte IV: e) Propuestas a tener en cuenta en la escuela

De-construyendo…

Una de las primeras cuestiones a tomar en cuenta es que la escuela debe proponer acciones que contribuyan a evitar el agravamiento de las brechas sociales, inter-generacionales y entre la cultura escolar y las culturas Infanto-Juveniles, en sociedades cada vez más desiguales y segmentadas, en las que las generaciones y las posiciones sociales se alejan cada vez más, y cada vez más rápidamente. Su contribución es muy importante porque es quizás la única institución en la que conviven distintas generaciones.

Los argumentos que enfatizan sobre la crisis entre generaciones pasadas y actuales insisten en demasía en cuanto a la existencia de abismos infranqueables, lo que afectaría la posibilidad de transmitirse experiencias mutuamente. Hay que preguntarse si de lo que se trata es de un comportamiento evitativo o de un desorden de la responsabilidad frente a la existencia del otro.

Es importante poner en suspenso y problematizar las representaciones docentes adquiridas en su formación sobre lo que significa ser niño, adolescente, joven, familia o estudiante en estas nuevas condiciones de época. En general, muchos de los docentes vienen formados en la mirada evolutiva, universalista y prescriptiva, y tienen que hacer un gran esfuerzo para problematizar lo aprendido, para des-aprender y poder pensar de otro modo.

La escuela es un lugar de cuidado y de formación de subjetividad, y esas son dos cuestiones que se deben tener siempre presentes, sobremanera en épocas de crisis profundas, uno de cuyos corolarios más terribles fue la caída en el mayor de los desvalimientos para gran parte de la población. La desigualdad y la segmentación social, sumadas al *anonimato*[60] que siempre caracterizó al Nivel Secundario, han producido que, para los niños y adolescentes de sectores populares, la experiencia escolar sea *exótica*[61], y que el docente sea percibido no como alguien que representa a otros sectores sociales, sino como alguien que pertenece a otra galaxia.

> ¿Cómo hacer para que estos nuevos estudiantes (*"últimos en llegar"* en el plano socio-político, *"primeros en llegar"* desde el punto de vista de sus familias de referencia, *"recién llegados"*, en tanto aparición de lo extraño, del joven no juvenil, en el espacio de lo próximo, en la escuela, en el aula, en el vínculo, en relación con las representaciones de sus profesores, *"llegados a destiempo"*, cuando la distancia entre la titulación del Nivel Secundario y el mundo del trabajo se ha alejado) no se transformen en los *"primeros en irse"*? El trabajo de acompañamiento con las instituciones educativas y con los docentes aparece allí como prioritario en una sociedad en la que se ha producido

---

60 Hay que tener muy en cuenta que, durante siglos, la transmisión y la enseñanza se sostuvieron sobre el profundo conocimiento que el maestro tenía del discípulo: Sócrates y Alcibíades, por ejemplo. A medida que el sistema fue ampliando su cobertura, el anonimato también fue en aumento. No obstante, hay formas de conjurarlo, y muchas instituciones así lo hicieron y hacen. Pero, también, ese anonimato tiene que ver con que, sobre todo en el nivel secundario, el profesor nada sabe de sí mismo, de lo decisiva que es su personalidad; a su vez, poco sabe de su estudiante, y a veces nada espera de él. Ambos habitan escuelas que no tienen nombre, sino que las define una sigla (IPEM, IPET, CENMA), que sólo es útil para la burocracia del sistema, pero no para favorecer sentimientos de pertenencia, cohesión e identidad.

61 Exotismo de la experiencia escolar: para muchos adolescentes provenientes de familias en situación de riesgo social (pobreza estructural, empobrecimiento, situación de calle), la experiencia escolar es "extraña" –social, cultural y generacionalmente– en tanto se verifica un des-acople entre las formas de ser jóvenes en condiciones desfavorables y las matrices formativas de los profesores y, consecuentemente, entre la experiencia adolescente y la experiencia escolar.

una fuerte ruptura en la proyección de las trayectorias. (López Molina, 2013, pp. 99-100).

Estos "nuevos jóvenes" son emplazados a construir el "*oficio de estudiante*" en una institución que mantiene una estructura con dispositivos y rutinas escolares propios de la tradición selectiva y exclusora que marcó el surgimiento de la escuela secundaria, creada para que ingresen a ella adolescentes y jóvenes provenientes de sectores medios y altos, lo que originó, en consecuencia, desencuentros y desajustes entre las expectativas de los jóvenes y las de la institución.

En este sentido, es sabido que aquellos adolescentes y jóvenes que provienen de sectores medios y altos no ponen en cuestión la prosecución de sus estudios una vez terminado el nivel primario: sus padres, hermanos y amigos así lo hicieron, lo que los favorece enormemente para poder anclar su experiencia en el nuevo nivel al que acceden. Pero, sobre todo, la cuestión es que tienen incorporadas las disposiciones correspondientes a su posición social, a la estructura y volumen de capital con el que cuenta su familia, lo que lleva a significar que ciertos arbitrarios sociales aparezcan como naturales. No olvidemos que tales disposiciones son interiorizadas a partir de la experiencia prolongada en una serie de posiciones en las estructuras externas objetivas y que, como resultado del *habitus*, los agentes están dispuestos a hacer aquello que se corresponde con las posiciones que ocupan.

> A mayor distancia social, cultural y lingüística, a mayor desacople entre la escuela y la vida cotidiana, a mayor des-anudamiento del presente respecto de la historia y del porvenir, a mayor distancia entre las matrices de formación de los docentes y lo que son los niños y jóvenes de hoy, mayor exotismo de la experiencia, mayor anonimato, menores posibilidades de poder acordar conjuntamente acuerdos escolares de convivencia. (López Molina, 2015, p. 74).

En consecuencia, resulta imprescindible analizar los diferentes modos en que se configuran las experiencias escolares en este contexto, contemplando las condiciones materiales de vida de los jóvenes, las condiciones institucionales y las estrategias individuales puestas en juego.

La escuela, al tono con las nuevas condiciones epocales, debe ser un lugar de de-construcción que provea al estudiante de herramientas críticas que le permitan resistir la colonización de la conciencia por parte de la sociedad terapéutica, los mandatos de los *mass media* y las Industrias

Culturales del entretenimiento estupidizante. Un lugar de resistencia a los múltiples *reduccionismos* que hoy provienen de las neurociencias y los enfoques cognitivo/conductuales: de lo psíquico a lo cognitivo, de lo cognitivo a lo cerebral, de lo cerebral a lo molecular, del cuerpo al organismo y de lo social a lo ambiental. Y hasta habrá, quizás, que renunciar a la idea de que se pueden enseñar los mismos contenidos a todos los alumnos a la misma edad y al mismo tiempo, y a la idea de que la edad cronológica es criterio necesario y suficiente para determinar los contenidos de los que puede apropiarse el estudiante.

Construyendo...

Es necesario coherentizar un sistema que no se pensó *"in totto"*, sino que fue acoplando, sin criterio alguno, instituciones con lógicas y formatos muy diferentes; de allí las discontinuidades entre ciclos, turnos, niveles y modalidades. No fue diseñado para un tránsito fluido, no fue pensado como sistema, y cada nivel proviene de una tradición diferente: escuela para todos y con inspiración sarmientina en el nivel primario, escuela para la selección social, exclusora y excluyente, y que responde a una inspiración mitrista, en el caso del nivel secundario[62]. No es raro, entonces, que el tránsito por el sistema sea tan dificultoso, no fluya y que los datos de repitencia o abandono se incrementen en los puntos de quiebre.

Es necesario re-pensar la escuela y transformarla en lugar para la construcción de subjetividad, articulada alrededor del deseo de saber y de enseñar, y no sólo por la obligación de aprender, con una gestión que ponga el acento en acompañar e impulsar las trayectorias escolares reales de todos sus estudiantes y que promueva la construcción de una cultura del cuidado con base en la confianza, no en la sospecha o el miedo, en el marco de un lugar donde se cuida a los que cuidan. Se trata de una pedagogía basada más en la confianza que en el poder. La

---

62 Si bien la matrícula del nivel secundario se incrementó notoriamente a partir de la conquista de la democracia en el año 1983, y la terminalidad de los estudios secundarios es un derecho, y el Estado cumple la función de generar condiciones para que el ejercicio de ese derecho sea posible, la escuela secundaria sigue manteniendo en su organización, en sus dispositivos de enseñanza y evaluación, en su sistema normativo, y hasta en lo edilicio, parte de esa tradición exclusora para un gran número de estudiantes que provienen de sectores populares.

palabra confianza proviene del latín *"Con-fidentia"*, cuyo prefijo significa *"junto, todo, con"*, y el término latino *"fides"* que significa fe.

También implica una confianza basada en la convicción sobre las acciones futuras del otro, sobre aquello que el otro hará con lo que el mundo adulto le transmita. Esa confianza es captada y tomada por el discípulo, y su existencia en quien enseña es decisiva para la trayectoria escolar de quien está en situación de aprendiente.

Hay que promover la creación de un pacto adulto que garantice el ejercicio del derecho a ser educado. En el caso particular del Nivel Secundario, esto es fundamental.

El acompañamiento debe ser intenso con aquellos chicos que ingresan a primer año y que son los primeros en sus familias en acceder a ese nivel, por lo que no cuentan en sus hogares con referentes que los ayuden a atravesar esa experiencia inédita[63]. Muchos de ellos viven el día a día, por lo que les es más difícil pensar en el largo plazo y en que tienen que invertir seis años más en la escuela. Una forma de evitar el abandono temprano es que la institución tome a su cargo el acompañamiento efectivo a su trayectoria, proveyéndoles sentidos que le ayuden a permanecer, aun cuando sus condiciones objetivas de existencia se lo obstaculicen.

También sería importante promover encuentros entre aquellos que, a igualdad en condiciones objetivas de existencia, pudieron llegar hasta el último año del secundario, y los que vienen transitando por el ciclo básico, con el fin de "pasarles" su experiencia y mostrarles que eso es posible.

Los grupos sociales más desfavorecidos ahora acceden a la escuela secundaria, pero no consiguen terminarla, y la posibilidad de hacerlo es dispar según el estrato socio-económico familiar.

- El porcentaje de jóvenes de 20 años provenientes de hogares con "clima educativo bajo" que lograron completar la escuela secundaria es del 13,1%.
- Con clima Educativo Medio: completa el 51%.
- Con clima Educativo Alto: completa el 96,2%.
  (F. Sourrouille, 2009)

---

63 Un segundo grupo prioritario para el acompañamiento institucional es de los que terminan el Ciclo Básico del Nivel Secundario, ya que las cifras dan cuenta de que en el paso de 3° a 4° año muchos de estos estudiantes abandonan.

Los jóvenes de sectores populares, que son la primera generación en terminar los estudios secundarios en sus familias de origen, padecen el malestar de pertenecer a dos mundos diferentes, malestar vinculado a lo que Bourdieu llama *habitus clivé* (Eribon, 2015) y que designa la distancia entre las estructuras cognitivas incorporadas en el medio social de origen y las actitudes, gustos y valores considerados legítimos en el mundo social en que el sujeto ha sido consagrado. Sin embargo, son pocos los que podrán realizar una trayectoria completa, pues la mayoría quedará en el camino. Eribon señala que:

> (...) la eliminación escolar se relaciona frecuentemente con la auto-eliminación y con la reivindicación de esta última, como si se tratara de una elección: la escolarización larga es para los demás, para los que se lo pueden permitir y que resultan ser los mismos a los que *les gusta*. El campo de los posibles está estrechamente circunscrito a la posición de clase. (2015, p. 49).

El conocimiento idóneo de la condición adolescente permite pensar estrategias para el acompañamiento de las trayectorias escolares reales, y en ese sentido es importante, por ejemplo, que la escuela ofrezca a sus ingresantes rituales de bienvenida, que se haga un trabajo con la historia de la escuela, con el nombre que la identifica, con todo lo que ella ofrece y con una explicación guiada sobre los lugares, roles y funciones. También es importante que sean recibidos el primer día de clases por todos los que trabajarán ese año con ellos, de modo que perciban que hay allí una institución y un colectivo de adultos que se ponen de acuerdo sobre ciertas cosas. De ese modo podrá contribuirse a la construcción del "efecto institución"[64] del que habla Philippe Meirieu, y los estudiantes no irán conociendo a sus profesores de uno en uno.

Los procesos de ambientación y de articulación entre niveles y modalidades van en esta dirección y son fundamentales para que el niño, adolescente o joven pueda construir el oficio de estudiante, atenuando el sentimiento de extrañeza que implica pasar del nivel inicial al primario, de éste al secundario y de éste, al terciario o universitario.

> Una educación que olvida quién enseña, es a tontas y a ciegas, y una educación que no sabe a quién enseña, que no sabe a

---

64 Con esta expresión, Meirieu se refiere a lo importante que es que los estudiantes puedan percibir a su escuela como una entidad que cuenta con un proyecto claro y que los incluye como protagonistas activos, no sólo como destinatarios.

> quién le habla, es soberbia, muda y sorda. (López Molina, 2008, p. 123).

Hay que pensar en una escuela que se para en el lugar de la Promoción, que tiene un nombre (y no una sigla y un número), que propone a sus estudiantes rituales institucionales, en razón a que ofrecen múltiples sentidos y promueven *adhesión, cohesión, pertenencia e identidad*, además de ser sumamente necesarios en la adolescencia.

Los rituales[65] dan un marco simbólico a lo real de la experiencia. Hay que tener presente que los adolescentes y jóvenes son profundamente ritualistas. Marcan lugares en su deriva por la ciudad, llevan tatuados en sus brazos nombres de personas que aman o admiran, se ponen remeras del grupo que escuchan o del club del que son hinchas, y los que pueden hacer una carrera universitaria y provienen de una institución que supo otorgarle sentidos a su paso por ella, por varios meses acuden a sus clases con la remera o campera de su promoción.

Cuando el mundo adulto o las instituciones no ofrecen símbolos ni rituales, los importan, y es así que desde hace unos años festejan Halloween o San Patricio, entre otros. La creación de rituales en una institución permite, además, contar con mejores posibilidades de generar espacios de *desviación tolerada*.

> La desviación tolerada es un fenómeno paradojal que descansa sobre un mandato que es también paradojal. Consiste en afirmar netamente las prohibiciones, concediendo momentos, lugares y formas en los que estas prohibiciones pueden ser transgredidas. Es más, está implícitamente esperado que estas prohibiciones sean transgredidas. Pensemos en las sociedades tradicionales que ejercen un fuerte control social y que abren

---

65 *"El ritual es una práctica significativa propia de la vida en sociedad y que contribuye a la regeneración de esa vida a lo largo de las generaciones. No hay azar en él. Instaura la tradición y es una poderosa maquinaria simbólica de transmisión del acervo cultural acumulado a las nuevas generaciones. Extrae su fuerza de la poderosa vinculación que produce entre el presente y el pasado remoto, subrayando así una continuidad narrativa legitimada, un relato de lo que pasó, una interpretación triunfante que se impone y que define la realidad de lo que fue para imponer, desde una posición de poder, la realidad de lo que hoy es. Durante su celebración, no hay acto que aparezca 'suelto', 'des-anudado' o sin significación, tal como ocurre en un oficio religioso, donde cada 'instante' se vincula con el que lo antecede y presagia al que sigue y que en todos los casos muestra la conexión con el pasado religioso, mítico, épico o histórico"* (López Molina, 2017).

> momentos de desviación casi instituidos: carnavales, fiestas, revueltas iniciáticas (...). Encontramos estas conductas también en las sociedades provincianas, los "tercer tiempo" del rugby, y el "sábado en la noche". (Dubet, 1998, pág. 30).

En la medida de lo posible, y para evitar las rivalidades entre turnos, varones y mujeres, o entre cursos o divisiones, es importante que todas las estrategias a implementar sean institucionales, esto es, que no respondan a iniciativas individuales espasmódicas, sino que involucren a todos sus actores. Caso contrario, prevalecerán los conflictos entre turnos, cursos o entre secciones del mismo año.

Es necesario, también, generar dispositivos de escucha en la escuela, tanto para estudiantes como para docentes, y tomar en cuenta que, para que el enseñar y el aprender sean posibles, hay, entre otras, cuatro condiciones indispensables:

1°) Que el docente tenga pasión por el saber, porque cuando ello ocurre, el discípulo se apasiona por contagio, en un área del conocimiento que podrá ser otra, no necesariamente aquella que el maestro representa. Identificarse **con** *el docente no es lo mejor, eso es otrarse, alienarse. Sí, en cambio, con la pasión que pone en juego cuando enseña, mostrando, además, lo valioso de un conocimiento que no se agota en lo utilitario e inmediato.*

2°) Que ese maestro apasionado posea, además, un saber, porque puede ser muy apasionado y al mismo tiempo no tenerlo. Un saber que tiene que ver con su disciplina, pero que también toma en cuenta lo que ocurre cuando ésta se intersecta con otras.

3°) Que ese maestro, tenga ganas de pasarle eso que sólo él sabe a otro, a un discípulo, de modo que al final del recorrido, dos sabrán lo que antes uno solo sabía. No todos los docentes tienen ganas de pasarle a otro lo que saben, y sus estudiantes se dan cuenta de ello. Pasa a veces con aquellos que siendo profesionales (ingenieros, abogados o médicos) tienen que dedicarse a la docencia sin haberlo elegido. Algunos descubren que lo pueden hacer con placer, pero para otros se trata de una tarea que los abruma o desagrada.

4°) No se puede enseñar ningún contenido si no hay una confianza en el sujeto que aprende. La confianza es hoy el relevo de la autoridad, por añadidura, de otrora. Confianza del estudiante en que ese docente tiene un saber que él no tiene pero que se lo quiere pasar, y confianza del maestro respecto a que ese estudiante hará con lo que le pase, otra cosa.

Desde la gestión se debe propiciar la construcción colectiva de un *clima institucional* que favorezca los procesos de enseñanza y aprendizaje, que promueva la participación de todos, y que la institución se transforme en un espacio de encuentro democratizador y subjetivante, porque los climas escolares no se transforman sino en el marco de proyectos educativos que le dan *sentido* a estar allí. Es necesario también:

- Capacitar a los profesores respecto a lo que implica ser familia y ser niño, adolescente y joven en estas nuevas condiciones de época. Los docentes deben ser analistas simbólicos de los nuevos tiempos, caso contrario jamás comprenderán cómo son los procesos de subjetivación en los tiempos de la Modernidad líquida y juzgarán a los estudiantes con las claves del pasado o, peor aún, compartirán con la Psiquiatría neo-liberal la idea de que todos están un poco enfermos.
- Capacitar a los docentes sobre los profundos cambios que introdujo el enfoque de derechos que concibe a los niños y adolescentes como sujetos de derecho aplicando el principio rector de *"interés superior del niño"* como criterio para el diseño e implementación de políticas públicas[66] y mostrar cómo sus derechos son vulnerados por los manuales de Psiquiatría.
- Sumar a los estudiantes a proyectos solidarios que transiten desde una cultura individualista de la auto-ayuda a la de la solidaridad. Esta estrategia obtuvo excelentes resultados en varias escuelas en tanto permitió a los estudiantes ampliar su horizonte de aprendizaje y comprometerse en la transformación de la realidad junto con otros actores sociales. Son trabajos que no hacen foco en lo meramente asistencial, sino que se hacen en cooperación con otras instituciones, involucrando contenidos correspondientes a varias disciplinas y donde sus destinatarios son protagonistas activos.
- Formar profesores que no se repiten a sí mismos, con sentido de la oportunidad, que hablan con respeto por el otro y con la verdad. La formación docente forma parte de una política estratégica del Estado y, por el grado de complejidad que hoy implica enseñar, ya debiera ser universitaria.
- Mostrar que hay otros mundos posibles, dar algo a cambio del esfuerzo, alguna promesa, nuevos sentidos, aperturas posibles, y que la escuela y la enseñanza:

---

66 *"Se entiende por interés superior de la niña, niño y adolescente la máxima satisfacción, integral y simultánea de los derechos y garantías reconocidos en esta ley"* (Ley 26.061, Art. 3).

No se trata de un taller plagado de herramientas, ni de un manual de procedimientos para el hoy, como pregonan algunas voces que esconden su racismo intelectual en un discurso supuestamente práctico y utilitario. La Escuela es mucho más que eso. En ese "lugar" muchos jóvenes realizan sus apuestas y juegan su posibilidad de forjar un porvenir mejor. Allí, en ese lugar se juega un encuentro entre generaciones diferentes y hay que forjar un pacto adulto imprescindible para que sostenga su escolarización y le transmita todo lo valioso y bello que hay en el conocer. (López Molina, 2015, pp. 75-76).

Un docente que:

- no juega de adolescente, compinche o rival especular de sus alumnos y que se muestra amigable, más no amigo, conservando una asimetría que resulta indispensable;
- se vale del sentido del humor, porque es un excelente recurso para establecer vínculos con niños y adolescentes, y porque, además, el humor muchas veces disuelve situaciones que pudieran ser conflictivas;
- es un refutador de fatalismos y naturalizaciones, que promueve lecturas nuevas, integrales, colectivas, superando respuestas lineales, y se pregunta a sí mismo cuestionando aquello que parece obvio;
- comprende que admirar al docente y respetarlo no implica ser como él. Tremendo desafío para maestros y progenitores: aceptar que un discípulo o un hijo puede amarlos sin ser lo que ellos quisieran que fuera, ni ser como ellos;
- soporta la oposición, de la que históricamente hicieron gala niños y adolescentes, sin romper la relación, y no los diagnostica rápidamente como oposicionistas desafiantes;
- es atento, más no intrusivo, a una distancia óptima, ni tan cerca, ni tan lejos, ocupando el justo medio entre sus estudiantes y el mundo de las pantallas y las redes. En este sentido, hay interesantes experiencias sobre temas tales como "Análisis crítico de los mensajes" o "Uso responsable de las redes";
- descifra, tras los actos de sus alumnos, los sentidos puestos en juego y no su condena prematura. Se trata de una actitud que ayuda a acercar la cultura escolar a las culturas de sus estudiantes;
- reconoce los desafíos de la complejidad, un verdadero antídoto contra los reduccionismos y las posiciones dogmáticas. Se trata de un docente que no cree que su disciplina es la más importante de todas

o que es la única que puede dar respuesta a problemas de naturaleza compleja. La conoce, sabe cómo enseñarla, conoce respecto de cómo son los adolescentes de esta época porque sabe descifrar las claves necesarias, conoce a sus estudiantes, que nunca son los mismos que los de años anteriores, y puede además reconocer los límites de su materia, sus nudos y su intersección con otras;

- renuncia al inductivismo y a las generalizaciones fáciles, porque toda generalización, en últimas, es fascista pues repudia las diferencias ("todos los x son y…");
- muestra la razón trabajando contra sí misma, y es un negador de apariencias que hace de lo habitual, lo extraño;
- reconoce que hay infinitas formas de aprender, pero finitas formas de enseñar;
- dota de espesor histórico a lo que enseña, porque esa es la mejor forma de ayudar a mostrar que el orden de la natura es necesario, más no suficiente, y que mucho de lo que la humanidad ha tendido a naturalizar, en realidad es resultado de complejos procesos de construcción históricos, sociales y culturales.

> (…) una escuela donde el saber tenga el brillo de lo valioso, el cedazo de lo crítico y el espesor de lo histórico. (López Molina, 2008, p. 138).

Se trata de tender puentes en la escuela entre[67]:

- posiciones sociales diferentes que implican volúmenes y estructuras de capital diferenciados;
- generaciones, que están atravesadas a su vez por las posiciones sociales;
- tradición, presente y porvenir, re-anudando el presente suelto a la historia y a futuros posibles y deseables;
- experiencia escolar y experiencia infantil y adolescente, entre cultura escolar y culturas infanto-juveniles, ayudando así a poder procesar simbólicamente lo que los estudiantes viven fuera de la escuela;
- acontecimiento y representación, porque la escuela debe generar condiciones para que su tránsito por ella promueva acontecimientos que impacten en la biografía de sus estudiantes y la tornen una experiencia inolvidable;

---

67 *"(…) porque un puente, aunque se tenga el deseo de tenderlo y toda obra sea un puente hacia y desde algo, no es verdaderamente puente mientras los hombres no lo crucen. Un puente es un hombre cruzando un puente"* (Cortázar, 1986).

- deseo y acto: porque en la escuela se debe y se puede crear legalidades, apuntando a la construcción de un sujeto ético. Saber, por ejemplo, que se puede desear y pensar cualquier cosa, más no se puede hacer cualquier cosa, y aprender que los actos tienen consecuencias porque si no fuera así promovería impunidad;
- palabra e imagen, rescatando el inmenso valor que tiene la palabra en los procesos de humanización, socialización y escolarización.

Una escuela que contribuye decisivamente en la construcción de subjetividad y que para ello propone nuevos sentidos a la experiencia escolar de niños y jóvenes; una escuela donde el cuidado de sí, el cuidado del otro y el cuidado de los que cuidan, combinan amor, deseo (de enseñar, de aprender) derechos, responsabilidades y justicia.

Una escuela que deja huellas, porque hace, del paso por ella, una travesía plena de experiencias significativas, en tiempos en que todo está organizado para que nada nos pase, para que nada nos conmueva.

No hay experiencia en la mera acumulación de información, en el frenesí del consumo, ni en la velocidad inusitada de la vida en sociedad. No hay experiencia sin la intervención de un otro, de un ex, de alguien o algo que está fuera, en este caso, el maestro. No hay experiencia sin acontecimiento, porque el acontecimiento tiene que ver con lo inesperado, con lo que no viene de la pre-historia o la historia del sujeto. Se trata de algo que es exterior al sujeto, pero que impacta directamente en su subjetividad.

> La Escuela, tan criticada, tan vapuleada por derecha y por izquierda, tan acorralada en su función, sigue siendo el lugar privilegiado para tender puentes entre los segmentos para armar algo, distinto y significativo con los fragmentos dispersos. No es necesario que encajen como en un rompecabezas donde cada pieza tiene un lugar preciso. Eso es lo que haría un espíritu moderno convencido. No hace falta eso. Se trata más quizás de levantar "pircas", como las construidas por los pueblos pre-incaicos, con piedras que ni son iguales ni se completan unas con otras. Todas son diferentes, pero juntas protegen, limitan y crean un adentro en el espacio inmenso. (López Molina, 2015, pp. 73-74).

Un ejemplo claro de esto es la importancia que el profesor Germain tuvo en la vida de Albert Camus. El escritor nació en 1913 en un suburbio pobre de Argelia, y falleció en 1960 en París, en un accidente automovilístico. El profesor Germain fue quien lo apoyó desde su ingreso en la escuela y fue quien hizo la diferencia en una vida que parecía estar marcada por la pobreza extrema y la repetición, y que hizo de Camus lo que Bourdieu llamó "un tránsfuga de clase". Cuando el autor recibió el Premio Nobel de Literatura, le dirigió una carta a su profesor con fecha del 19 de noviembre de 1957:

> Querido Señor Germain,
> He recibido un honor demasiado grande, que no he buscado ni pedido. Pero cuando supe la noticia, pensé primero en mi madre y después en Usted. Sin Usted, sin la mano afectuosa que tendió al niño pobre que era yo, sin su enseñanza y su ejemplo, no hubiese sucedido nada de todo esto (...) sus esfuerzos, su trabajo y el corazón generoso que Usted puso en ello continúan siempre vivos en uno de sus pequeños escolares, que, pese a los años, no ha dejado de ser su alumno agradecido. (Camus, 1957, p. 295).

Bibliografía

Abraham, Tomás (2000). *La empresa de vivir*. Buenos Aires, Argentina: Sudamericana.

A.P.A. (1995). *Manual diagnóstico y estadístico de los trastornos mentales-DSM IV*. Barcelona, España: Masson.

Augé, Marc (1993). *Los no lugares: espacios de anonimato. Una Antropología de la Sobremodernidad*. Barcelona, España: Gedisa.

Avila, Silvia y Romera, Laura (2008). Mundos de niñez/adolescencia. Condiciones, atravesamientos e intervenciones en la producción social de la experiencia subjetiva. En *Cuadernos de Educación*, VI (6). Córdoba, Argentina: Editorial del CIFFyH (Universidad Nacional de Córdoba).

Bauman, Zygmunt (2002). *Modernidad líquida*. Buenos Aires, Argentina: Fondo de Cultura Económica.

Bleichmar, Silvia (2007). Capítulo III. Acerca del malestar sobrante. En *La subjetividad en riesgo*. Buenos Aires, Argentina: Topia.

Bodei, Remo (2006). *Destinos personales. La era de la colonización de las conciencias*. Buenos Aires, Argentina: El cuerno de plata.

Bordelois, Ivonne (2005). *La palabra amenazada*. Buenos Aires, Argentina: Libros del Zorzal.

Borges, Jorge Luis (1998). El idioma analítico de John Wilkins. En *Otras inquisiciones*. Madrid, España: Alianza.

Bruner, Jerome (1996). *Realidad mental y mundos posibles*. Barcelona, España: Gedisa.

Calarco, José (2006). *La representación social de la infancia y el niño como construcción*. Conferencia dictada en el marco del ciclo de Cine y Formación Docente del Ministerio de Educación de la Nación. Recuperado de [http://www.bnm.me.gov.ar/giga1/documentos/EL001729.pdf].

Cambaceres, Eugenio (2011). *En la sangre*. Buenos Aires, Argentina: AGeBe.

Camus, Albert (2005). *El primer hombre*. Buenos Aires, Argentina: Fábula Tusquets.

Carpintero, Enrique (2015). *El erotismo y su sombra. El amor como potencia de ser*. Buenos Aires, Argentina: Topía.

—— (2011). *La subjetividad asediada*. Buenos Aires, Argentina: Topía.

——(2007). La medicalización de la vida cotidiana. En *Revista Topía*. Buenos Aires, Argentina: Topía.

Castel, Robert (2009). *El orden psiquiátrico*. Buenos Aires, Argentina: Nueva Visión.

Castorina, José Antonio (2016). La relación problemática entre Neurociencias y Educación. Condiciones y análisis crítico. En *Propuesta Educativa*, 46 (25), pp. 25-41. Buenos Aires, Argentina: Flacso.

Cortázar, Julio (1986). *Libro de Manuel*. Buenos Aires, Argentina: Sudamericana.

Dejours, Christophe (2015). *El sufrimiento en el trabajo*. Buenos Aires, Argentina: Topía.

De la Boetie, Ettiene (1570). *El discurso de la servidumbre voluntaria*. En texto comentado por Leroux, P., Clastrés, P. y Lefort, C. (2008). Buenos Aires, Argentina: Terramar.

Devoto, Fernando (2003). *Historia de la inmigración en la Argentina*. Buenos Aires, Argentina: Sudamericana.

Dubet, François (1998). Las figuras de la violencia en la escuela. En *Revista Francesa de Pedagogía* (123), pp. 35-45. Recuperado de [https://studylib.es/doc/8312835/las-figuras-de-la-violencia-en-la-escuela].

Eribon, Didier (2015). *Regreso a Reims*. Buenos Aires, Argentina: Libros del Zorzal.

Finkielkraut, Alain (1987). *La derrota del pensamiento*. Barcelona, España: Anagrama.

Fisher, Mark (2009). *Realismo capitalista*. Buenos Aires, Argentina: Caja Negra.

Foglino, Ana; Falconi, Octavio y López Molina, Eduardo (2009). Experiencia escolar y subjetividad en adolescentes en condiciones de pobreza. Nuevas interpelaciones a la escuela media. En *III Foro Interdisciplinario sobre Educación El derecho a la Palabra*. Montevideo, Uruguay: IAE y Flacso.

—— (julio de 2008). Una aproximación a la construcción de la experiencia escolar de adolescentes y jóvenes de grupos sociales urbanos en condiciones de pobreza en Córdoba. En *Cuadernos de Educación*, VI (6), pp. 227-243. Córdoba, Argentina: FFYH. UNC. Publicación Área de Educación CIFFyH.

Foucault, Michel (2015). *Historia de la locura en la época clásica*. México: Fondo de Cultura Económica.

—— (2008). *Enfermedad Mental y Personalidad*. Buenos Aires, Argentina: Paidós.

Frances, Allen (2014). *¿Somos todos enfermos mentales?* Buenos Aires, Argentina: Ariel.

—— (2011). Preparémonos, lo peor está por venir: el DSM V: Una pandemia de trastornos mentales. Abriendo la Caja de Pandora, las 19 peores sugerencias del DSM V. En Carpintero, E. (Comp.), *La subjetividad asediada*. Buenos Aires, Argentina: Topía.

Freud, Sigmund (1973). *Obras Completas*. Madrid, España: Biblioteca Nueva.

Hoskin, Keith (1990). Foucault a examen. El críptoteórico de la educación desenmascarado. En Ball, Stephen (Comp.), *Foucault y la educación: disciplinas y saber*. Madrid, España: Morata.

Huxley, Aldous (1985). *Un mundo feliz*. México: Editores Mexicanos Unidos.

Ingenieros, José (1919). *La locura en Argentina*. Buenos Aires, Argentina: Tor.

Junta Internacional de Fiscalización de Estupefacientes (2007). JIFE. Junta Internacional de Fiscalización de Estupefacientes. Informe Anual.

Kafka, Franz (2014). *Carta al Padre*. Buenos Aires, Argentina: Gradifco.

Kessler, Gabriel (2002). *La experiencia educativa fragmentada: docentes y alumnos en la escuela media en Buenos aires.* Buenos Aires, Argentina: IIPE-UNESCO.

Lewkowicz, Ignacio (2006). *Pensar sin Estado. La subjetividad en la era de la fluidez.* Buenos Aires, Argentina: Paidós.

Lipovetsky, Gilles (2005). *El crepúsculo del deber.* Barcelona, España: Anagrama.

López Molina, Eduardo (2015). *El tiempo des-anudado y su impacto en los procesos de subjetivación y escolarización.* Córdoba, Argentina: Ferreira.

—— (2008). *Psicologías: de su transmisión y aplicación al campo educativo.* Córdoba, Argentina: Ferreira.

—— (2012). Adolescencia/s y juventudes de hoy, instituciones de ayer: tensiones, conflictos y dilemas. En Ferreyra, H. y Vidales, S. (Comps.), *Hacia la innovación en Educación Secundaria. Reconstruir sentidos desde los saberes y experiencias*, pp. 87-105. Córdoba, Argentina: Comunicarte.

—— (2008). Contribuciones para un documento provincial sobre la medicalización de la infancia. En Maldonado, H. (Comp.), *Problemáticas críticas en el sistema educativo*, pp. 27-42. Córdoba, Argentina: Editorial de la Universidad Nacional de Córdoba.

Lyotard, Jean Francois (2005). *La Posmodernidad.* Barcelona, España: Gedisa.

Maldonado, Horacio (Comp.) (2008). *Problemáticas críticas en el Sistema Educativo.* Córdoba, Argentina: Editorial de la U.N.C.

Manonni, Maud (1998). *Un saber que no se sabe: la experiencia analítica.* Barcelona, España: Gedisa.

Margulis, Mario y Urresti, Marcelo (1998). La construcción social de la condición de juventud. En Cubides, H., Laverde, M. C. y Valderrama, E. (Eds.), *Viviendo a Toda. Jóvenes, territorios culturales y nuevas sensibilidades*, pp. 3-21. Bogotá, Colombia: Siglo del Hombre Editores.

Meléndez, Lucio (1882). Manía aguda. En *Revista Médico Quirúrgica*, XIX, pp. 320-329.

—— (1882). Locura por anemia cerebral. En *Revista Médico Quirúrgica*, XVII, pp. 182-190.

Meirieu, Philippe (25 de octubre de 2007). Una Pedagogía para prevenir la violencia en la enseñanza. En Observatorio Argentino de Violencia en las Escuelas (Ministerio de Educación-UNSAM). Conferencia llevada a cabo en el marco del Ciclo de videoconferencias. Recuperado de [http://formacion-integral.com.ar/website/?p=267].

Millot, Catherine (1982). *Freud Antipedagogo.* Barcelona, España: Paidós.

Ministerio de Educación de la Nación (2014). *Los equipos de orientación en el sistema educativo. La dimensión institucional de la intervención.* Programa Nacional de fortalecimiento y desarrollo profesional de los Equipos de Orientación Escolar. Coordinadora María Beatriz Greco.

Ministerio de Educación y Ministerio de Salud de la Nación (2015). Pautas para evitar el uso inapropiado de diagnósticos, medicamentos u otros tratamientos a partir de problemáticas del ámbito escolar, pp. 8-10.

O.M.S. (1992). *Trastornos mentales y del comportamiento: descripciones clínicas y pautas para el diagnóstico.* CIE 10. Madrid, España: Meditor.

Palerm, Antonio (2013). Vallejo-Nájera, el "médico loco" del franquismo. En *Le Monde Diplomatique* (207), p. 26.

Pommier, Gerard (2002). *Los cuerpos angélicos de la Posmodernidad*. Buenos Aires, Argentina: Nueva Visión.

—— (2010). *Cómo las neurociencias demuestran el Psicoanális.is*. Buenos Aires, Argentina: Letra Viva.

Pundik, Juan (2011). El DSM. La Biblia del totalitarismo. En Carpintero, Enrique (Comp.), *La subjetividad asediada*, pp. 51-72. Buenos Aires, Argentina: Topía.

Punta Rodulfo, Marisa (7 de abril de 2016). Medicalización de la diferencia, el manejo del poder. En *Página 12*. Recuperado de [https://www.pagina12.com.ar/diario/psicologia/9-296407-2016-04-07.html].

Ramos Mejía, José M. (1895). *La locura en la historia*. Buenos Aires, Argentina: Lajouane.

Romera, Laura y López Molina, Eduardo (octubre de 2016). Niños a pesar de todo... En *II Congreso Internacional de Psicología. V Congreso Nacional de Psicología. Ciencia y Profesión*. Conferencia llevada a cabo en la Facultad de Psicología de la Universidad Nacional de Córdoba, Argentina.

Rose, Nikolas (2012). *Políticas de la vida: Biomedicina, poder y subjetividad en el siglo XXI*. La Plata, Argentina: Universitaria (UNIPE).

Roudinesco, Elisabeth (2000). *¿Por qué el Psicoanálisis?* Buenos Aires, Argentina: Paidós.

Sedronar (2008). *La medicalización de la infancia. Niños, escuela y psicotrópicos. Informe final*. Buenos Aires, Argentina: Observatorio Argentino de Drogas, Sedronar. Instituto de Investigaciones Gino Germani, Facultad de Ciencias Sociales, Universidad de Buenos Aires.

Sennett, Richard (1998). *La corrosión del carácter. Las consecuencias personales del trabajo en el nuevo capitalismo*. Barcelona, España: Anagrama.

Sourrouille, Florencia (2009). Obstáculos a la plena escolarización y configuraciones educativas en América Latina. Distintas formas que asume la desigualdad. En *02 Cuaderno SITEAL*. Buenos Aires, Argentina: Sistema de Información de Tendencias Educativas en América Latina (SITEAL-IIPE UNESCO). Recuperado de [http://www.siteal.iipe-oei.org].

Terigi, Flavia (2016). Sobre aprendizaje escolar y neurociencias. En *Propuesta Educativa* N° 46, II (25), pp. 50-64. Buenos Aires, Argentina: Flacso.

Teyssedou, Raúl (2017). *Historias clínicas I*. Córdoba, Argentina: El rincón de los justos.

—— (2018). *Historias clínicas II*. Córdoba, Argentina: El rincón de los justos.

—— (2019). *Historias clínicas III*. Córdoba, Argentina: El rincón de los justos.

Vasen, Juan (2011). *Una nueva epidemia de nombres impropios. El DSM V invade la infancia en la clínica y en las aulas*. Buenos Aires, Argentina: Noveduc.

Virilio, Paul (1995). Velocidad e información. ¡Alarma en el ciberespacio! En *Le Monde Diplomatique*. Recuperado de [http://www.infoamerica.org/teoria_textos/virilio95.pdf].

—— (1996). *El arte del motor*. Buenos Aires, Argentina: Manantial.